DE

L'INFLUENCE DES COMBATS

LIVRÉS SOUS PORT-ARTHUR

SUR LA

CONSTRUCTION DES FORTS

D'après le lieutenant-colonel du génie russe VON SCHWARZ

Par A. PIÉRART

CHEF DE BATAILLON DU GÉNIE

Avec 8 figures et 5 planches hors texte, dont une en couleurs

BERGER-LEVRAULT & Cie, ÉDITEURS

PARIS | NANCY
5, RUE DES BEAUX-ARTS, 5 | 18, RUE DES GLACIS, 18

1908

DE

L'INFLUENCE DES COMBATS

LIVRÉS SOUS PORT-ARTHUR

SUR LA

CONSTRUCTION DES FORTS

DE

L'INFLUENCE DES COMBATS

LIVRÉS SOUS PORT-ARTHUR

SUR LA

CONSTRUCTION DES FORTS

D'après le lieutenant-colonel du génie russe VON SCHWARZ

Par A. PIÉRART

CHEF DE BATAILLON DU GÉNIE

Avec 8 figures et 5 planches hors texte, dont une en couleurs

BERGER-LEVRAULT & Cie, ÉDITEURS

PARIS | NANCY
5, RUE DES BEAUX-ARTS, 5 | 18, RUE DES GLACIS, 18

1908

AVANT-PROPOS

Quelques-uns des officiers du génie qui ont pris une part active au siège de Port-Arthur nous ont déjà fait connaître un certain nombre des épisodes de cette lutte dramatique, ainsi que les travaux qui ont été effectués sur plusieurs parties du périmètre de la place. C'est ainsi qu'il nous a été donné de résumer dans la *Revue du Génie militaire* ([1]) des articles parus dans *Ingenerny Journal,* sous la signature des lieutenants-colonels von Schwarz et Barmine.

Le premier de ces deux officiers supérieurs vient de publier dans le même Recueil, n°s 1, 2, 3, 4 et 5 de 1907, une très importante étude à laquelle il a donné le titre qui précède. Nous nous proposons d'en analyser ci-après les grandes lignes, avec l'agrément de l'auteur, qui a bien voulu gracieusement nous autoriser à reproduire intégralement la planche I qui accompagne son remarquable travail. Nous lui en adressons ici nos sincères remerciements.

Tout en conservant l'ordre des chapitres, nous en résumerons quelques-uns très succinctement, soit que leur sujet ait déjà été traité dans la marche générale du siège par M. le colonel Clément de Grandprey ([2]), soit qu'au

---

([1]) 1906, t. XXXII, p. 165 et 453; 1907, t. XXXIII, p. 293.
([2]) Voir *Revue du Génie*, 1906, t. XXXI, p. 5, 97, 185, 289 et 515.

point de vue technique, des détails aient déjà été donnés antérieurement.

Après des considérations générales sur les facteurs du développement des forteresses et les formes actuelles des places fortes modernes, le lieutenant-colonel von Schwarz décrit les projets qui avaient été rédigés pour mettre Port-Arthur en état de défense, par conséquent ce que cette ville aurait pu être. Il indique ensuite ce qu'elle était à la déclaration de guerre le 8 février et, finalement, son état après la période de mobilisation, c'est-à-dire au 30 juillet. Il étudie plus loin séparément l'importance des positions avancées, les attaques de vive force, les caponnières d'arrière intermédiaires, la grandeur des intervalles entre les forts et leur distance au noyau central, les casernes à l'épreuve pour la garnison des secteurs, la dissimulation des positions de combat, les batteries permanentes et temporaires, les magasins à poudre, les chemins de communication, le rôle des projecteurs électriques, le service des liaisons, la garnison de la place et enfin les divers éléments qui doivent constituer un fort moderne.

A. P.

1er juillet 1908.

DE
L'INFLUENCE DES COMBATS
LIVRÉS SOUS PORT-ARTHUR
SUR LA
CONSTRUCTION DES FORTS

CHAPITRE I

Énumération des éléments constitutifs des places fortes européennes : noyau central fortifié ou non, ligne de forts détachés ; batteries intermédiaires, magasins à munitions en arrière des forts et dans l'enceinte, chemins de communication reliant la ligne de combat à la ville. Les différences qu'on relève entre les divers pays consistent surtout dans l'organisation même des forts, des batteries, etc.

Étude des facteurs qui ont amené ce genre de fortifications et qui ont fait varier successivement la distance des forts entre eux et au noyau central.

Le schéma actuel qui en est résulté est le développement naturel du vieux carré, puis de l'enceinte polygonale, excluant les feux d'enfilade et l'enveloppement des saillants, soutien mutuel des forts qui se flanquent deux à deux et empêchent la pénétration dans les intervalles si l'un des ouvrages au moins n'est pas enlevé.

Examen sommaire de ce qui a été fait dans cet ordre d'idées en France et en Allemagne.

CHAPITRE II

Le détail des fortifications projetées à Port-Arthur a été emprunté à deux sources différentes : l'une provient de l'ouvrage de Timtchenko Rouban, intitulé *Nièlchto o Port-Arthur* ou *Quelque chose sur Port-Arthur*, l'autre des projets rédigés en 1899 par le colonel du génie, aujourd'hui lieutenant-général Velitchko. On peut en diviser l'étude en deux parties principales : batteries de côte et front de terre, dont l'armement total se composait, d'après Timtchenko Rouban, de 541 canons, dont 64 de réserve et 40 mitrailleuses.

BATTERIES DE CÔTE

D'après le colonel Velitchko, il devait exister 25 batteries de côte armées de 140 canons ([1]).

Batterie n° 1, au sud de la presqu'île du Tigre : a la mission de battre l'étendue d'eau comprise entre la montagne Laotichan et la Tête de Tigre, ainsi que l'isthme de ce nom. Disposée en arc de cercle, elle a ainsi la possibilité de canonner la baie du Pigeon, les approches de Tayangkou et la vallée au nord de Yahutsoui. Elle peut être considérée à la fois comme une batterie de terre et comme une batterie de côte.

Batterie n° 2 ou *Batareinaia*, en dessous de la montagne de la Tête de Tigre : canonne exclusivement les points de débarquement de l'isthme du Tigre et flanque les approches des tranchées couronnant l'extrémité de la presqu'île du Tigre.

([1]) Outre ces vingt-cinq batteries, on devait encore en créer deux autres casematées pour la défense de la passe.

Batterie n° 3 ou de la *Tête de Tigre*, avec ses canons disposés en arc de cercle : bat l'intérieur du bassin ouest, la baie du Pigeon et sert en même temps de soutien aux batteries de terre du flanc gauche de la place.

Batterie n° 4 ou *à tir rapide* : bat les rives de l'isthme du Tigre en canonnant les troupes qui tenteraient d'y débarquer.

Batterie n° 5 ou du *Tigre de l'Ouest* : canonne l'extrême droite des rives de Laotichan.

Batterie n° 6 ou du *Tigre du milieu* avec ses canons en arc de cercle : tire sur la baie du Pigeon et aide les batteries de terre du flanc gauche.

Batteries n°⁸ 7 et 8 ou du *Grand Tigre* : canonnent l'intérieur de la rade, la baie du Pigeon et tout le flanc gauche de la défense de terre.

Batterie n° 9 ou du *Tigre de l'Est* : canonne à l'extrême gauche tout le long du cap Ploskaia.

Batterie n° 10 ou *Dalnoboinaia* : bat un secteur de 130° à partir de la Falaise électrique.

Batterie n° 11 ou de l'*Artillerie* avec ses canons en arc de cercle : son champ d'action va du village Tsountsiatoun jusqu'au pied de la Montagne d'Or ; elle s'étend aux deux bassins intérieurs et à l'embouchure du Lounho.

Batterie n° 12 ou de la *Caille* avec ses canons en arc de cercle : bat le pied de la Montagne d'Or, la passe, le bassin ouest, les pentes arrières de la montagne du flanc gauche, les pentes nord-ouest et sud-est de la Grande Montagne et de la montagne Dangereuse, la vallée de la rivière Taoutchena, les escarpements arrière de la montagne du Dragon et une grande partie de l'enceinte centrale.

Batterie n° 13 ou de la *Petite ville de l'artillerie* : tire sur les vaisseaux de faible tonnage tentant de s'introduire dans le port.

Batterie n° 14 ou de la *Montagne d'Or* avec ses canons en arc de cercle : outre la grande étendue d'eau située au sud, elle bat encore une partie du bassin ouest et tous les escarpements en arrière des défenses de terre.

Batterie n° 15 sous la Montagne d'Or : bat l'entrée du port à proximité de la passe.

Batterie n° 16 ou *Électrique :* bat l'angle mort en avant des batteries de la presqu'île du Tigre.

Batterie n° 17 ou du *Camp :* donne la possibilité de battre le secteur compris entre les batteries de la Croix du Sud et Électrique.

Batterie n° 18 ou du *Tir :* canonne l'extrême gauche dans la direction de la Croix du Sud.

Batterie n° 19 ou du *cap Ploskaia :* flanque les rives jusqu'à la Falaise électrique et tire sur les petits bateaux se dirigeant vers le port.

Batterie n° 20 ou de la *Croix du Sud :* a pour mission principale de canonner la baie du Taho et une partie de l'étendue d'eau en avant des batteries.

Batterie n° 21 ou de la *Croix du Centre :* bat une partie de la baie du Taho et la mer en avant de la batterie n° 20.

Batterie n° 22 ou de la *Croix de l'Ouest*, sur les pentes arrière de la hauteur de la Croix du Centre : bat le secteur compris entre la batterie Électrique et celle de la Croix du Sud.

Batterie n° 23 ou de la *Croix du Nord*, au nord de la Croix de l'Ouest : canonne parfaitement la baie du Taho et, avec ses canons en arc de cercle, bat, au-dessus de la batterie du cap Ploskaia, tout l'intérieur du camp retranché.

Batterie n° 24 : canonne la vallée à l'ouest de la montagne de la Croix et surtout un point possible de débarquement dénommé Miaosi.

Batterie n° 25 ou *Ronde :* de même que la batterie n° 1, sert de liaison entre les batteries de côte et le front de terre. Disposée sur un mamelon à l'intérieur du fort I, elle bat la baie et le lit du Taho, les pentes de Siaokouchan et de Takouchan et les approches de la colline du Dragon.

FRONT DE TERRE

Le colonel Velitchko, chargé d'établir en 1899 le projet de défense de la place, avait été frappé par le caractère et l'aspect des lieux environnants et il estimait qu'on ne trouvait dans aucune des forteresses existantes un pareil relief et une nature de sol semblable. Des sites très découpés, des rangées successives de collines de forme conique se détachant en une quantité de petites pointes avec des pentes très escarpées forçaient à construire un très grand nombre d'ouvrages afin qu'ils pussent se voir et se soutenir mutuellement.

De plus, une quantité de ravins profonds obligeaient à élever des batteries complémentaires, des retranchements ou des caponnières.

Par suite des escarpements, il existait beaucoup d'angles morts devant les ouvrages : on ne pouvait y remédier qu'en multipliant encore ceux-ci pour obtenir des vues de flanc ou en construisant des ouvrages avancés.

Il en résultait également que, pour avoir des vues et un champ de tir convenables, on se trouvait dans la nécessité de se placer à la crête des collines. Enfin, la nature rocheuse du sol devait exercer une influence considérable sur les emplacements des fortifications et sur le détail de leur édification.

Le front de terre comprenait des positions avancées, la ligne des forts et l'enceinte centrale.

Ligne des forts

D'après Timtchenko Rouban, la ligne des fortifications de terre, qui comportait 237 canons, peut se subdiviser en trois secteurs : nord-est, nord et ouest.

Secteur nord-est

Ce secteur nord-est avait son flanc droit au fort I et son flanc gauche à la batterie B et devait comprendre : un fort permanent I, deux ouvrages fortifiés de type plus léger, mais avec constructions bétonnées désignés sous le nom d'ouvrages nos 1 et 2, deux batteries permanentes A et B, une caponnière découverte n° 1 ; un ouvrage en arrière sur la Grande Montagne et trois batteries qui devaient être élevées au moment de la mobilisation.

Pour tous ces ouvrages, en outre des batteries de mobilisation et de l'armement de réserve de l'artillerie de forteresse, on avait désigné 52 canons et 12 mitrailleuses, au nombre desquels il y avait 28 canons légers de campagne et 4 mitrailleuses contre l'assaut. Pour la lutte d'artillerie, il devait y avoir 18 canons de 15 cm (8 de 3 040 kg et 10 de 1 920 kg). Enfin, on avait prévu 6 canons à tir rapide de 57 mm et 8 mitrailleuses pour le flanquement des fossés. La longueur de ce front était de 4,5 km, et les troupes d'infanterie qui devaient occuper les ouvrages s'élevaient à l'effectif de deux compagnies et demie.

Le *fort I* pour une compagnie, à une altitude de 128 m sur un embranchement rocheux du massif principal de la colline du Dragon, était bien disposé pour battre les pentes de Siaokouchan, de Takouchan et les approches de la colline du Dragon. Il était en outre renforcé par la batterie n° 25 avec ses 4 canons de 15 cm (3 040 kg) qui agissait sur la baie du Taho.

La *caponnière découverte n° 1*, à 500 m au nord du fort I, constituait une batterie permanente pour les canons légers destinés au flanquement des approches du front considéré.

Avec les batteries de mobilisation qui occuperaient les hauteurs en arrière, on pouvait aussi canonner les pentes de Siaokouchan et les vallons en avant du fort I.

L'*ouvrage n° 1* de type temporaire, pour une demi-compagnie, devait occuper le sommet de la montagne Dangereuse, à la cote 185, et jouer le rôle de point de soutien arrière.

La *batterie permanente A,* armée de 6 canons de 15 cm (1 920 kg), canonnait bien la partie haute de la vallée du Taho, les hauteurs de Siaokouchan et de Takouchan et flanquait les approches du fort II.

L'*ouvrage n° 2* (*Kinkiéchan-nord*), pour une compagnie, servait de lien aux forts I et II. D'après la configuration des lieux, il était à peine en état de se défendre lui-même, mais ses approches pouvaient être bien battues des batteries A et B. Aussi, pour réaliser ce desideratum, proposa-t-on d'établir dans la suite en supplément deux canons de campagne légers sur la batterie A et quatre sur la batterie B.

La *batterie permanente B* (*Kikouan-est*), établie pour recevoir 4 canons de 15 cm (3040 kg), pouvait canonner toutes les approches des ouvrages voisins des fronts nord-est et nord.

Enfin, l'ouvrage projeté sur la Grande Montagne à l'arrière du front nord-est et vis-à-vis de son centre, presque à l'abri d'un assaut en raison de la configuration du terrain, aurait pu servir pour couvrir la retraite en cas de prise par l'ennemi des ouvrages de première ligne.

En général, on peut remarquer que les principales approches de ce front consistaient en deux vallées nettement dessinées, l'une entre Siaokouchan et Takouchan et l'autre au nord de Takouchan. Tous les ouvrages étaient bien disposés pour les battre et, sans compter les batteries de mobilisation, on pouvait concentrer sur chacune d'elles le feu de 22 canons.

Secteur nord

Le secteur nord, limité à droite au fort II et à gauche à l'ouvrage n° 3, devait comprendre : deux forts permanents (II et III); deux ouvrages de type plus léger (Wangtaï ou Nid de l'Aigle et n° 3); deux redoutes temporaires (n°s 1 et 2) et sept batteries de mobilisation. Sans compter ces batteries, on devait armer les ouvrages de 66 canons dont : 36 canons légers de campagne contre les troupes d'assaut, 6 canons de 15 cm (2 de 3 040 kg et 4 de 1 920 kg) pour la lutte d'artillerie et 24 canons à tir rapide de 57 mm pour le flanquement des fossés. L'étendue du front était de 5,5 km et la garnison d'infanterie des ouvrages se composait de quatre compagnies et demie.

Le *fort II* (*Kikouan-nord*), projeté sur l'emplacement d'un vieil ouvrage chinois à la cote 170 et à 1 260 m au nord de Kinkiéchan-est, constituait une bonne position d'artillerie battant les approches sur le flanc droit et au centre du front nord. Il canonnait également les pentes de Siaokouchan et tenait sous son feu le village de Palitchouang. Sa garnison était d'une compagnie.

Wangtaï-haut ou *Grand Nid de l'Aigle* était disposé plus à l'arrière sur une montagne à la cote 176. Canonnait toutes les baies avec ses deux canons de 15 cm (3 040 kg). Les vallées au sud et à l'ouest n'étaient pas très bien battues par les caponnières disposées sur la ligne de défense.

Les *redoutes n°s 1 et 2* (*Panlong-est* et *Panlong-ouest*), projetées à l'emplacement de deux vieux ouvrages chinois, devaient avoir chacune une compagnie et quatre canons légers de campagne. Elles devaient servir de lien entre les forts II et III et battre le terrain très découpé qui séparait ces deux forts.

Le *fort III* (*Ehrlong-est* ou simplement *Ehrlong*) se trouvait à 1 650 m du fort II. Il devait avoir pour garnison une compagnie avec 6 canons de 15 cm (1 920 kg). Canonnant parfaitement la vallée du Lounho, sa caponnière arrière battait suffisamment bien les approches du fort II et des redoutes Panlong. Il tenait également sous son feu le village de Souichiyng. En prévision d'un assaut sur la gauche du fort par un vallon non battu par l'ouvrage, on avait proposé de préparer un emplacement pour une batterie de campagne sur la colline qui dominait le vallon.

L'*ouvrage n° 3* (*Ehrlong-ouest* ou *Songchouchan*), pour une compagnie, à 630 m du fort III et à la cote 106, devait servir de soutien à ce fort en cas d'attaque par la route des Mandarins. Il devait en effet battre les approches des forts III et IV, ainsi que les vallées des villages Sigoou.

En général, on avait l'impression que les approches de ce front et en particulier celles du fort III n'étaient pas très bien battues par les ouvrages eux-mêmes. Toutefois, le fort II paraissait pouvoir soutenir efficacement Songchouchan.

Secteur ouest

Ce secteur s'étendait du fort IV à la redoute n° 4 et devait comprendre : trois forts permanents (IV, V et VI), deux ouvrages de type plus léger (n°s 3 et 4), trois ouvrages temporaires (redoutes 3 et 4 et une lunette), quatre batteries permanentes (V, G, D et *Solianaia* ou *du Sel*) et sept batteries de mobilisation. Outre les canons de ces dernières batteries, les ouvrages de ce front devaient être armés de 119 canons et 4 mitrailleuses, dont : 61 canons légers de campagne contre l'assaut et pour battre les lieux en avant; puis 30 canons de 15 cm (12 de 3 040 kg et 18 de 1 920 kg) pour la lutte d'artillerie aussi bien sur terre ferme que pour canonner la baie du Pigeon, ainsi que l'étendue d'eau comprise entre la presqu'île du Tigre et les rives escarpées de Laotichan ; enfin 28 canons de 57 mm à tir rapide pour le flanquement des fossés. La longueur du front atteignait 11,5 km.

Le *fort IV* (*Itsouchan*), pour une compagnie, sur la montagne Caponnière, haute d'environ 150 m, soutenait parfaitement les forts voisins, canonnait Panlongchan, la vallée du Sigoou, la rivière Lounho et Palitchouang. Ses faces étaient sur un rocher à pic haut de 56 m, aussi ses approches devaient-elles être défendues par des retranchements projetés en avant.

La *batterie permanente V*, sur la colline Dentelée, à la cote 170, canonnait toute la vallée du Lounho, les approches de Songchouchan et des forts Ehrlong et Itsouchan.

La *batterie G* ou du *sapeur* flanquait très bien toutes les approches du front. Ces deux batteries devaient recevoir 10 canons de 15 cm (1 920 kg).

L'*ouvrage n° 4* (*Grand Antsechan*), pour une compagnie, avait une très bonne vue sur les approches du fort V et fermait la sortie de la vallée Chibautaou. Par son voisinage de la nouvelle ville, constituait l'un des points d'appui de l'enceinte du noyau central à créer.

Le *fort V* (*Tayangkou*), pour une compagnie, sur le sommet de la montagne du Vautour, formait la clef de la position du front ouest et devait également couvrir le rang de batteries qui allaient être nécessairement établies à sa gauche pour canonner toute la vallée jusqu'à la baie du Pigeon incluse. Battait aussi les approches d'Itsouchan, mais il était pris d'enfilade par la montagne Vysokaia qui le dominait fortement au nord-ouest.

La *batterie permanente D* de 6 canons de 15 cm (3 040 kg), avec trois batteries de mobilisation comprises entre elle et le fort VI, devait canonner la vallée jusqu'à la baie du Pigeon et soutenir les forts Tayangkou et VI.

L'*ouvrage n° 5* (*Yahutsoui*), sur la colline Valtchenepova, à l'altitude 81, était de par sa position extrêmement important, puisqu'il fermait l'entrée du bassin ouest. En outre, cet ouvrage enlevé, l'adversaire pouvait agir facilement sur tout le reste du front. Aussi devait-on le constituer très fortement pour lui permettre de se défendre seul et vigoureusement.

La *lunette* et la *redoute n° 3* de type permanent, pour une compagnie et 4 canons, étaient considérées comme points de soutien arrière fermant les approches de la nouvelle ville à l'ouest.

Le *fort permanent VI*, pour une compagnie, sur une colline à la cote 60, distant de 4 km du fort V, devait flanquer la gauche de la position en fermant l'accès de la presqu'île du Tigre.

La *redoute n° 4*, sur la montagne du Loup blanc, était destinée à la défense de l'isthme et devait barrer la route aux troupes de débarquement qui auraient contourné le Laotichan.

Le front ouest paraissait faible, tant comme absence réciproque de soutien des ouvrages que par suite de la proximité des hauteurs dominantes environnantes.

Tels étaient les ouvrages projetés pour l'ensemble de la ligne des forts ou première ligne de défense.

Positions avancées ou ouvrages de deuxième ligne

Par suite du manque d'entente entre les divers services intéressés, on avait négligé de fortifier les positions avancées ou de deuxième ligne. Sous la pression des événements, on se mit à faire des projets. On décida de renforcer la défense de terre par l'occupation de Takouchan, à l'aide d'un ouvrage temporaire et d'une batterie de 6 canons légers, ainsi que par la construction d'un groupe d'ouvrages au nord-ouest.

Le but principal de l'occupation de Takouchan était d'empêcher l'ennemi de s'y installer, et cependant on avait d'abord présumé que cela n'était pas possible en raison des pentes très escarpées de cette montagne des côtés nord et est. On ne pensait même pouvoir y accéder du côté ouest qu'avec des mules.

Au nord-ouest on avait proposé de construire deux ouvrages parmanents [P et D] du type de Kikouan-nord, un ouvrage de type léger sur la montagne Ouglovaia, deux batteries permanentes E et Vyièzdnaia et sept batteries temporaires. Outre ces dernières batteries, les ouvrages devaient être armés de 68 canons et 4 mitrailleuses. Ces bouches à feu comprenaient : 24 canons légers de campagne pour battre les approches et se joindre aux mitrailleuses contre les troupes d'assaut; 8 canons de 15 cm (3 040 kg) et 10 de 10,7 cm pour la lutte d'artillerie et tirer sur les places probables de débarquement; 26 canons à tir rapide de 57 mm pour flanquer les fossés.

Kikouan-nord avait, comme on l'a déjà dit, une très grande importance, car non seulement il canonnait parfaitement Suichiyng, mais encore il battait les approches d'Ehrlong qui barrait la route des Mandarins par laquelle l'ennemi pouvait tenter de percer cette ligne de défense reconnue un peu faible. C'est pourquoi on avait décidé de lui donner tous les moyens pour résister aussi longtemps que possible et on avait projeté encore de construire deux batteries sur les hauteurs tout à fait inaccessibles de la montagne du Renard, à gauche du fort.

La *batterie E* devait battre les trois vallées en avant d'elle.

Le *fort D* devait canonner la vallée de la baie du Pigeon et les approches de la batterie E, de Songchouchan et de Tayangkou. Il devait principalement empêcher l'ennemi d'occuper la montagne Vysokaia ou Haute.

L'ouvrage de la montagne Ouglovaia pouvait canonner la vallée de la baie du Pigeon, ainsi que les approches du fort D et de la batterie E; en même temps, il contribuait à interdire à l'ennemi l'accès de Vysokaia.

Enfin, la *batterie Vyièzdnaia* devait battre la vallée en avant de E et aider les batteries de mobilisation pendant la lutte d'artillerie.

Enceinte centrale

L'enceinte projetée autour de la vieille ville devait se présenter comme une ligne de défense continue avec remparts et fossés. Dans les saillants, on avait décidé de construire quelques lunettes et quatre points de soutien ayant la forme de redoutes. L'armement devait se composer de 4 canons de 10,7 cm et 24 canons légers de campagne dans les redoutes, puis de 26 mitrailleuses installées sur l'enceinte même pour le flanquement des fossés. Elle s'étendait sur 7 km.

Le but de cette fortification était de mettre les réserves et le port à l'abri d'une attaque de vive force de l'ennemi qui aurait réussi à pénétrer rapidement à travers la ligne des forts, mais elle ne pouvait servir de réduit à la garnison pour une résistance prolongée. La banquette de tir était dominée à faible distance, en particulier de la Grande Montagne et de la montagne Dangereuse, et principalement de la colline placée non loin du flanc gauche de l'enceinte. Presque toute la ligne des remparts aurait ainsi été soumise à un feu de flanc et même d'arrière.

Armement des batteries de mobilisation

Pour l'armement des batteries de mobilisation on avait prévu :

1° Les pièces d'artillerie de réserve, dont 16 de 10,7 cm et des canons de 15 cm (3040 kg), 24 canons légers de campagne et 24 mortiers de campagne de 16 cm.

2° Les pièces qui devaient devenir disponibles après le désarmement de l'artillerie de campagne du détachement du Kouantong.

Résumé de la défense d'après les projets

La défense de Port-Arthur était par suite basée sur la construction de : 25 batteries permanentes de côte [1], 8 forts permanents, 9 batteries permanentes de terre, 9 ouvrages semi-permanents, 9 ouvrages temporaires (en comptant les redoutes de l'enceinte centrale), 24 batteries de mobilisation et 6 km d'enceinte. Une telle quantité d'ouvrages édifiés avec des moyens suffisants pendant la période de cinq années qui précéda le début des hostilités aurait créé une force passive menaçante.

D'après le colonel Velitchko : « Toutes ces constructions devaient être faites en temps de paix, et on devait élever non seulement les forts, mais encore les ouvrages

---

[1] Il devait même y en avoir vingt-sept, ainsi qu'il a été dit précédemment.

temporaires, les redoutes, les batteries et même les retranchements d'infanterie avec leurs obstacles. »

De cet exposé, on voit, en ce qui concerne les fortifications de terre, que :

1° La ligne des forts se trouvait sensiblement sur un arc de cercle décrit du centre et de 3,5 km de rayon; les forts I et VI en étaient seuls distants de 4 km. Toutefois, en avant de cette ligne principale, on avait prévu des ouvrages permanents sur les monts Takouchan, Vysokaia et Ouglovaia qui étaient éloignés respectivement de 5, 6 et 7 km.

2° L'enceinte entourant seulement la vieille ville avait ses remparts à des distances du centre variant de 1 à 2,5 km.

3° La distance entre les forts était de 2 à 4 km.

4° De Songchouchan à la batterie A, les gorges des ouvrages étaient réunies par une levée de terre exécutée autrefois par les Chinois et que pour cette raison on a dénommée le mur chinois.

L'établissement des forts à une distance aussi rapprochée de la ville tenait à deux causes : à la position choisie pour le combat et à l'importance prévue de la garnison. L'auteur du projet s'était bien rendu compte que cette disposition ne garantirait pas la ville d'un bombardement, aussi avait-il prévu l'occupation des hauteurs dominantes en avant de la ligne des forts et ayant une grande importance tactique. Toutefois, on n'avait pas songé au massif de Laotichan et pendant la durée du siège son importance apparut pleinement, car il aurait dû garantir le flanc gauche du côté ouest.

Malheureusement, certaines causes [1] empêchèrent de réaliser le projet tel qu'il avait été conçu et ainsi qu'on

---

[1] L'auteur se dispose à les énumérer en détail dans un prochain ouvrage, *Défense de Port-Arthur*, qu'il prépare en collaboration avec le capitaine Romanovski.

le verra ci-après, bien peu d'ouvrages étaient terminés et beaucoup d'autres à peine ébauchés. D'autre part, les Japonais devaient disposer de moyens d'action sur lesquels on n'était pas renseigné : c'est ainsi qu'outre les canons ordinaires de 15 cm, ils devaient encore pouvoir utiliser des obusiers de 15 et 20 cm, des mortiers de 28 cm et des canons de marine de 15 cm ayant une portée de 12 km. Aussi, dès le début du siège, put-on se rendre compte que l'ennemi, en s'installant à 1,5 km de la montagne Ouglovaia, c'est-à-dire à 8 km du centre de la ville, pouvait parfaitement bombarder cette dernière et même le port.

CHAPITRE III

SITUATION DU FRONT DE TERRE AU DÉBUT DES HOSTILITÉS

A la déclaration de la guerre, le 8 février 1904, la situation du front de terre était la suivante.

Le *fort I* n'était pas terminé. La *batterie bétonnée n° 25* pour quatre canons de 15 cm était achevée mais non armée; elle se trouvait, comme on l'a déjà dit, sur un mamelon à l'intérieur du fort. Celui-ci, disposé sur le sommet de la montagne, avait l'aspect d'un angle rentrant; au centre, le glacis était le terrain naturel.

La *caponnière découverte n° 1* existait, ainsi que la *batterie permanente A* presque achevée. L'ancien ouvrage chinois connu sous le nom *d'ouvrage n° 2* ou *Kinkiëchan-nord* était relié à la batterie A et à Kikouan-est par le vieux rempart à moitié démoli désigné communément sous l'appellation de mur chinois. A partir de Kikouan-est, ce mur se divisait en deux parties : l'une, suivant la crête, formait d'abord la lunette Kouropatkine et aboutissait à Kikouan-nord; l'autre se dirigeait du côté de la batterie basse de Wangtaï, puis vers Panlong-est.

Kikouan-nord était assez avancé, mais il y avait encore nombre de travaux de détail à y apporter pour le considérer comme en état complet de défense [1].

---

[1] Tout ce qui concerne la partie des ouvrages comprise entre la batterie A et Ehrlong sera écourté à dessein, car elle a déjà fait l'objet de l'article paru sous le titre « Organisation défensive du secteur nord-est de Port-Arthur en 1904 », d'après le lieutenant-colonel BARMINE (*Revue du Génie*, 1907, t. XXXIII, p. 293).

Entre Kikouan-nord et Ehrlong existaient sur les deux collines du milieu deux vieux temples chinois affectant, l'un la forme carrée et l'autre celle d'une redoute ouverte avec de hauts remparts sans fossés intérieur et extérieur : c'étaient les *redoutes 1 et 2,* dénommées encore redoutes *Panlong-est* et *ouest.*

De Panlong-ouest se détachait une portion de mur chinois venant rejoindre la partie principale allant de Panlong-est à Ehrlong.

Ehrlong n'était qu'à moitié fini. Le fossé de face, très profond, était découpé dans le roc. Aux angles de la face, les fossés étaient suffisamment profonds, mais il n'en était pas de même aux angles de gorge où la profondeur n'atteignait que 0,7 m et 1,4 m. Le parapet n'était composé que d'un amas de pierres provenant des fouilles des fossés. La batterie de l'intérieur était complètement finie. La caserne de gorge était aussi en bon état d'avancement, ainsi que la caponnière, dont la partie supérieure était disposée en caponnière d'arrière découverte pour le soutien des intervalles. Malheureusement, par suite d'un défaut dans le choix de l'emplacement, elle ne pouvait canonner sur la droite que les approches du mur chinois et non celles de Panlong-ouest. Une partie des terres provenant des fossés avait été jetée sur le glacis, augmentant encore ainsi un angle mort déjà considérable.

Ehrlong était relié par le mur chinois à la gorge de Songchouchan et ce mur traversait un étroit défilé en des endroits presque à pic.

Songchouchan était dans l'état ci-après : toutes les casemates prêtes, mais le fossé n'était pas terminé et avait son fond disposé en gradins. Il n'y avait ni parapet, ni glacis, sauf sur une portion circulaire de 21 m. Il existait des tas de terre et de pierres rapportés formant autour de l'ouvrage un angle mort continu.

De l'angle de gorge gauche se détachait la dernière

partie du mur chinois décrivant une courbe autour de la hauteur Kourgane et s'abaissant jusqu'à la crête militaire près du chemin de fer.

Sur la rive droite du Lounho commençait le front ouest de la place.

Itsouchan était presque fini. Disposé sur une haute montagne très escarpée, il n'avait pas de fossés de face ni de flanc mais simplement une escarpe.

Les *batteries permanentes* V (du *sapeur*) et G (de la *colline Dentelée*) étaient terminées.

Grand Antsechan était fini.

Tayangkou était à peine commencé et ne constituait qu'un amas de pierres sans formes. Le fossé de face et les deux de flanc étaient creusés et les pierres qui en provenaient devaient constituer le parapet. Dans les angles on avait aussi creusé deux excavations pour les poternes; une semblable excavation était pratiquée à l'intérieur dans la cour du fort.

Yahutsoui était presque terminé.

La *batterie permanente D* n'était qu'à moitié finie.

On ne s'était pas encore mis à la construction du fort VI : il n'était que piqueté et à la gorge on avait pratiqué une excavation.

L'enceinte centrale, qui commençait à la batterie n° 18, entourait la vieille ville à l'est, au nord et au nord-ouest où elle longeait la Butte aux Cailles. Elle se composait de 4 redoutes : n° *1* de l'*artillerie*, n° *2* du *génie*, n° *3* du *sapeur* et n° *4* de la *poudrière*. Ces redoutes étaient reliées par un rempart avec fossé dont la profondeur était de 4,2 m et la largeur de 8,5 m. Le parapet avait 6,3 m d'épaisseur, mais n'était pas complètement terminé.

Tel était l'aspect de la place sur le front de terre le 8 février 1904.

Travaux entrepris à partir du 9 février 1904

Dès l'ouverture des hostilités, on commença les travaux de mise en état de défense, savoir :

1° Achèvement des forts I, Kikouan-nord et Ehrlong ;

2° Exécution, dans les intervalles, d'ouvrages temporaires et de tranchées ;

3° Construction de batteries temporaires.

Les principaux travaux sur Kikouan-nord ont déjà été indiqués antérieurement.

A *Ehrlong* on termina les parapets et glacis. Pour le revêtement des talus intérieurs on employa des tonneaux à ciment et pour celui du mur de contrescarpe du fossé de gorge on utilisa des pierres sèches. On fit une traverse arrière ou parados tout le long du flanc gauche et des traverses ordinaires sur la face et les flancs. Des visières analogues à celles déjà décrites ([1]) furent pratiquées sur tous les parapets.

Les pierres sèches des murs de soutènement de la caponnière de gorge furent remplacées par du béton de ciment et on pratiqua des escaliers permettant de descendre de cette caponnière dans le fossé. Sur la batterie on organisa un observatoire cuirassé ; les ouvertures tournées vers le flanc droit furent masquées par de hautes traverses. En arrière de la batterie et à droite, derrière une traverse, on creusa un logement pour les artilleurs. Sur les refuges et au-dessus des poternes on exécuta un remblai de terre de 1 à 1,5 m.

Aux quatre angles on construisit une plate-forme en bois pour affûts de canons de 37 mm. On mit un canon de ce calibre dans chaque coffre de contrescarpe. Ces derniers furent munis de portes en fer de 15 mm

---

([1]) Voir *Revue du Génie*, 1906, t. XXXII, p. 483.

d'épaisseur et on fit de même pour la sortie de la caserne dans le fossé. Les fenêtres de la caserne furent pourvues de volets de même nature, mais avec des meurtrières.

Pour trois des canons destinés à repousser les troupes d'assaut, on fit des boucliers contre les shrapnels et les éclats.

On relia le fort par le téléphone à la station centrale et à l'observatoire blindé de la montagne Skalista (du Rocher). Afin de battre l'angle mort en bas des glacis, on fit un retranchement circulaire avec visières et trois abris blindés.

Dans le coffre droit on organisa une station pour la haie électrique et le fort ne fut entouré que d'un simple réseau et de cette haie.

On commença la pose de tuyaux pour l'écoulement des eaux du fort dans le fossé, mais le travail ne fut pas achevé.

Sur la droite du fort et derrière la colline la plus voisine, on construisit la *caponnière découverte n° 3 (Hatchimaki)* pour deux canons de campagne; elle était protégée en avant par un retranchement.

A *Songchouchan* on se mit au travail le 10 février : il fut exécuté hâtivement et par à-coups. C'est ainsi qu'on fit avec du bois des meurtrières, des embrasures et des persiennes pour les fenêtres. Plus tard, on substitua à celles-ci des grilles et enfin on mit des portes en fonte dans les casemates. On boucha avec des sacs les portes des casernes dans le fossé.

On dut amener à dos d'ânes la terre meuble destinée aux parapets qu'on organisa d'abord pour tireurs couchés, puis pour tireurs à genou et enfin pour tireurs debout; le revêtement du talus intérieur fut exécuté avec des tonneaux à ciment. L'approfondissement du fossé fut mené parallèlement; l'escarpe était à pic et la contrescarpe revêtue d'abord en béton de ciment le fut ensuite en pierres sèches. On diminua l'angle mort des glacis par un délardement qui nécessita l'enlèvement de milliers de mètres cubes de rocailles, de pierres et de décombres. En même temps que le parapet de gorge, on organisa des abris blindés pour les cuisines, les cuisiniers et les approvisionnements de vivres.

En mars et en avril on fit deux abris blindés pour officiers derrière la face de gorge, puis on posa des plates-formes pour deux canons Canet de 15 cm et pour des canons de campagne et mitrailleuses contre les troupes d'assaut. Des traverses furent élevées vis-à-vis des sorties dans la cour intérieure de l'ouvrage, ainsi qu'un abri pour une cuisine.

En juin, on organisa sur la ligne de feu des embrasures, des visières et des traverses.

En juillet, on édifia la tour-observatoire du type du capitaine von Schwarz, mais faute d'autres matériaux on utilisa des sacs à terre. L'ouvrage fut entouré d'un simple réseau en fils de fer, de fougasses dans les ravins à droite et à gauche et enfin de la haie électrique [1].

Itsouchan [2] était presque terminé ; il ne restait plus qu'à achever le chemin de communication aboutissant à la gorge, à fermer solidement les extrémités des poternes allant dans le fossé et à poser des fenêtres et des portes aux casemates.

Grand Antsechan était aussi presque achevé : il fallait finir les sorties dans la gorge, pratiquer des obstacles en cas de franchissement du fossé par-dessus la caponnière et enfin munir les casemates de portes et de fenêtres.

---

[1] Ces travaux furent dirigés par le lieutenant-colonel Krestinski, à qui l'on doit leur description.

[2] Les renseignements concernant Itsouchan, Tayangkou et Grand Antsechan ont été fournis par le capitaine Rodiounov.

A la *batterie D* il restait à poser les fenêtres et les portes dans les casemates terminées, sans attendre que les autres casemates fussent achevées. Au début, la batterie était encombrée de matériaux pour l'enlèvement desquels il fallut beaucoup de temps. Sur le parapet, il n'y avait pas moins de : 1 000 m³ de pierre, 250 m³ de sable, 1 000 tonneaux à ciment, beaucoup de bois et une usine à béton. Les affûts des six pièces de 15 cm (3 040 kg) étant prêts, on put établir immédiatement les canons. Sur les sept traverses prévues, on n'en fit qu'une centrale et deux épaulements. Aux emplacements des traverses non commencées, on organisa des abris blindés avec poutres de 30 cm d'équarrissage et 1,5 m de terre rapportée. La place manquant pour les logements, on construisit à droite et en dessous de la batterie des baraquements pour les hommes, les cuisines, les cabinets. La couverture brillante en tôle ondulée pouvant déceler la présence des baraques, on en peignit une partie en vert.

Yahutsoni était à moitié fini. Les principaux travaux de béton et de ferronnerie étaient achevés, mais les casemates, les caponnières, les poternes n'étaient pas recouvertes de terre. L'ouvrage était encombré de matériaux. Dans les casemates, il n'y avait ni fenêtres, ni volets, une partie seulement des portes blindées était en place. Il n'y avait ni poêles, ni lits de camp. On aménagea des cuisines, des magasins et des logements d'officiers, car par raison d'économie on n'en avait pas prévu dans les casernes bétonnées. A l'intérieur on fit des chemins de communication et l'entrée de l'ouvrage fut fermée par des poutres en bois où on ménagea des meurtrières et vis-à-vis desquelles on installa des chevaux de frise.

Au *fort VI*, les travaux avaient été commencés en octobre 1903, de sorte qu'on avait fait seulement le piquetage et une excavation à l'emplacement de la gorge.

On se borna à élever à son emplacement des retranchements pour l'infanterie, reliés entre eux par des chemins de communication, mais dans les replis du terrain on construisit de solides abris blindés avec des poutres en bois recouvertes de 2,1 à 3 m de terre.

A *Tayangkou* on dut faire d'importants travaux. D'immenses tas de pierres se trouvaient à l'emplacement prévu pour le parapet et on se décida à reporter ledit parapet en avant sur le glacis. On le constitua avec les pierres prises en arrière, mais en les recouvrant d'une bonne couche de terre et en formant le talus intérieur avec des tonneaux à ciment provenant de la batterie D. Les poternes étaient faites avec des châssis de poutres équarries. Par-dessus on plaça deux rangs de poutres, une couche de béton de ciment, des feuilles de tôle de 12 mm; puis une couche de cailloux de 60 à 90 cm; les sorties dans le fossé étaient en maçonnerie. Ces poternes servaient de logement pour la garnison. On en fit quatre semblables, mais elles furent insuffisantes et on dut constituer une galerie du même type dans le fossé de gorge. Pour flanquer les fossés, on installa de petites caponnières découvertes avec débouchés dans le fossé et des embrasures et des visières pour le tir de l'infanterie. Les flancs étaient séparés de la face par des excavations et on appropria les poternes pour loger les tireurs. Après avoir enlevé une partie des pierres qui encombraient encore le fort, on construisit des barbettes sur lesquelles on établit deux canons Canet de 15 cm, deux de 7,5 cm et six de campagne.

En arrière du parapet de la face, on aménagea un solide magasin à poudre recouvert de poutres chinoises, d'une couche de béton de ciment et de tôle ondulée. A l'intérieur du fort, on fit pour les officiers un logement dont le ciel était aussi constitué par des poutres chinoises recouvertes de pierres du côté exposé aux coups de l'ennemi. Auprès du flanc droit, on utilisa l'excavation escarpée comme épaulement et on y pratiqua une niche pour les munitions des canons Canet.

Tous ces travaux furent menés hâtivement, car on attendait l'ennemi d'un instant à l'autre et naturellement la qualité du travail en souffrit.

Dans les intervalles entre les forts, on construisit sur les points les plus importants des ouvrages intermédiaires (redoutes), des retranchements d'infanterie et des obstacles artificiels.

Dès le 26 mai, après la chute de Nanchan, on fit dans les retranchements des meurtrières, des visières et de place en place des abris blindés. En avant s'étendait un réseau non masqué; dans les ravins il existait des fougasses ou des mines marines. Enfin, de Kikouan-nord à Itsouchan, régnait la haie électrique dont les fils nus posés sur isolateurs devaient être parcourus par des courants alternatifs à 3 000 volts.

En arrière de la ligne des forts, sur les sommets des collines, on construisit des batteries temporaires pour quatre-vingt-douze canons de forteresse.

Organisation des positions avancées

Le répit laissé par les Japonais jusqu'en mai permit d'exécuter les travaux avec plus de calme et on envisagea la possibilité de fortifier les positions avancées, mais il n'y avait pas de plan établi à l'avance et on s'en rapporta à l'avis du haut commandement. Quoiqu'elle eût une bien moindre importance que les ouvrages de Takouchan, par exemple, on commença par la position de la conduite d'eau ou de l'Aqueduc où le général Kouropatkine avait déjà indiqué une redoute qui porta son nom. On continua par la redoute du Temple, sur laquelle insistait le général Stœssel.

A ce moment, on manifestait en haut lieu des craintes d'un débarquement dans la baie du Pigeon et on insistait pour qu'on en fortifiât les rives. Le commandant de la place pensait à Vysokaia et le général Fock avait des préférences pour les monts Ouglovaia. En un mot, c'était un chaos d'avis causé par l'absence d'un plan de défense rédigé avant la mobilisation. Il en résulta que des points d'importance secondaire étaient déjà mis en état de défense alors que les fortifications d'autres beaucoup plus sérieux n'étaient même pas commencées. Il est même possible qu'ils ne l'eussent pas été du tout si le général Kondratenko n'avait pas insisté fortement.

Au milieu de mai, on se mit à fortifier les montagnes Plate, de la Division et Panlongchan. Ce n'est qu'au milieu de juin qu'on commença les travaux de Siaokouchan et de Takouchan. Mais la nature rocheuse du sol sur ces deux points importants interdisait une marche rapide des terrassements : c'est pourquoi ils reçurent le premier choc de l'ennemi presque sans être fortifiés. On peut conclure de là qu'*il est nécessaire, en même temps qu'on commence à édifier une place, de rédiger son plan de défense en indiquant strictement l'accomplissement des travaux, en commençant par les plus importants et en passant progressivement à ceux d'un intérêt moindre.*

En réalité, à Port-Arthur, il n'y avait pas de semblable plan, aussi tous les travaux furent-ils conduits avec le plus grand désordre. Dans la hâte on perdit de vue trois points sérieux : tracer les chemins de communication et les chemins stratégiques de façon à les défiler aux yeux de l'ennemi ; mettre les lignes téléphoniques à l'abri des coups de l'artillerie ; donner à l'enceinte centrale une force telle qu'il soit possible de l'utiliser.

Ainsi un grand nombre de chemins stratégiques, parfaitement construits au point de vue technique, étaient si peu défilés, qu'on les appelait pendant la durée du siège les chemins de la mort. Les lignes téléphoniques aériennes durèrent, il est vrai, jusqu'à la fin, mais au plus fort du combat elles étaient très souvent mises hors de service par les projectiles ennemis. Quant à l'enceinte, elle avait de profonds fossés et d'épais parapets et aurait pu servir de réduit, mais elle était dépourvue de traverses et d'abris.

SITUATION DE LA PLACE AU 30 JUILLET

Le front de terre, au 30 juillet, se présentait comme il suit.

La *batterie de côte n° 22* pour quatre canons Canet de 15 cm, construite dans la période de mobilisation, était entourée de retranchements du côté de la baie du Taho. A environ 420 m de cette batterie, la ligne de retranchements rejoignait la *redoute du Taho*, puis le fort I. En avant de ce front, et sur les rives de la baie du Taho, on avait creusé des retranchements sur la montagne du Signal, ainsi qu'une petite batterie pour deux canons Baranovsk.

A droite et à gauche du fort I il existait deux petites batteries pour canonner ses approches. Sur le fort lui-même on avait installé, pour repousser les assauts, quatre canons de 57 mm et trois mitrailleuses.

Derrière la caponnière n° 1 était une batterie de deux canons de 57 mm.

A partir de cette caponnière, les tranchées épousaient la crête de la montagne et aboutissaient à la batterie A.

Sur la montagne du Dragon, en arrière de l'ouvrage n° 1 de la montagne Dangereuse, on avait installé une batterie de deux canons Canet de 15 cm.

Les positions avancées vis-à-vis de ce front étaient fortifiées. Sur la montagne Takouchan, il y avait une petite batterie de trois canons de campagne entourée par une ligne de retranchements avec réseau de fil de fer. Elle était reliée à la ligne principale par un chemin de communication. Entre cette ligne et la batterie avancée se trouvait une autre batterie de réserve avec deux canons de campagne destinés à canonner la rivière Bezymiana et le chemin de Dalny. Comme garnison, en tout, deux compagnies.

Sur Siaokouchan, il n'existait que des retranchements protégés par des réseaux.

A la batterie A commençait le mur chinois qui touchait d'abord Kinkiéchan-nord, armé de quatre canons légers et de deux de 57 mm, et ensuite la batterie Kikouan-est. Celle-ci était protégée en avant par deux rangs de tranchées et dans l'intervalle entre elle et Kinkiéchan-nord il y avait une batterie de deux canons contre l'assaut; contre son flanc gauche il existait aussi deux canons de campagne.

A l'ouest se trouvait la batterie *Zaliternaia* pour deux canons Krupp de 15 cm.

La *lunette Kouropatkine*, formée d'une portion du mur chinois se détachant au nord de Kikouan-est, fut armée de quatre mortiers de 15 cm. Entre cette lunette et Kikouan-est on installa une petite batterie (*Kobou*) de deux canons qui canonnaient très bien les approches de Kikouan-nord et de Kikouan-est.

Kikouan-nord reçut une compagnie comme garnison et son armement se composait de quatre canons légers, quatre de 8,5 cm et deux mitrailleuses.

L'autre branche du mur chinois s'étendait auprès de la batterie basse de Wangtaï, armée de trois canons de 10 cm. Plus à gauche existait une petite batterie pour canon Armstrong de 21 cm.

Au-dessus de ces batteries, on avait établi sur le mur chinois quatre canons de 57 mm pris dans les coffres de

Kikouan-nord. Au début du siège, on avait mis également dans le ravin entre *Wangtaï-haut* et *Wangtaï-bas* une batterie de deux canons à tir rapide de campagne contre l'assaut. Wangtaï-haut avait lui-même deux canons de 15 cm.

Au pied de Wangtaï-haut et sur la hauteur en avant du mur chinois on avait construit la *caponnière découverte n° 2 (P)* pour quatre canons de campagne.

Les deux redoutes Panlong avaient été appropriées et derrière ces ouvrages et le mur chinois on avait édifié la batterie *Zaredoutnaia* pour quatre canons de 15 cm.

Enfin, plus à l'ouest, on avait creusé la batterie *Voltchia* ou *Nouveau Panlong* pour quatre mortiers de 22,5 cm.

Dans l'intervalle entre Panlong-ouest et Ehrlong, on avait terminé sur le monticule la *caponnière découverte n° 3 (Hatchimaki)*, armée de deux canons de campagne et reliée au mur chinois par un chemin de communication en zigzag. A leur intersection se trouvait une batterie de deux canons légers.

Ehrlong avait comme garnison une compagnie et comme armement : 4 canons de 15 cm (1 920 kg), 3 canons légers, 8 canons de 37 mm et 2 mitrailleuses. De l'angle de gorge gauche, le mur chinois allait à Songchouchan en coupant une gorge profonde canonnée par deux canons de la batterie *Zaovrajnoe*. A l'endroit où le mur touchait au fossé de gorge de l'ouvrage, on avait installé deux canons de 37 mm.

A Songchouchan, la garnison était d'une compagnie et l'armement de : 2 canons Canet de 15 cm, 5 canons légers et 2 mitrailleuses.

A l'endroit où le mur chinois s'éloigne de Songchouchan vers l'ouest, il y avait deux canons légers battant un profond ravin et un peu à gauche quatre canons de 37 mm.

Sur la batterie bien masquée de *Kourgane,* il y avait : 4 canons de 10,7 cm, 4 de 7,5 cm et 4 mortiers de 15 cm.

Près du point où le mur chinois se rapprochait le plus du chemin de fer, on avait construit sur un monticule la lunette *Cosaque* et sur un autre voisin, une petite batterie de deux canons Baranovsk.

A l'arrière de cette ligne se trouvaient les batteries ci-après : sur la Grande Montagne, 4 canons légers avec l'observatoire pour le commandement, sur la Butte aux Cailles, 2 canons Canet de 15 cm et 1 de 12 cm ; sur la redoute n° 4 de l'enceinte centrale, 2 canons de 10,7 cm et, sur les autres redoutes de la même enceinte, 3 canons de 8,5 cm, 2 de 57 mm avec boucliers et 4 canons légers.

L'observatoire était construit sur la chaîne du Rocher, à droite d'Ehrlong. Les approches les plus voisines de ce fort et des tranchées étaient protégées par des réseaux de fil de fer, quelquefois d'un seul rang de piquets, mais le plus souvent de deux et trois rangs. Les ravins dans les intervalles entre les ouvrages étaient tous minés et la haie électrique se prolongeait jusqu'à la batterie A.

Pour les communications entre les ouvrages de ces fronts nord et nord-est et de ceux-ci avec la ville, on utilisait le chemin stratégique sortant par la porte sud de l'enceinte, contournant la batterie n° 19, suivant le pied de la montagne du Dragon, contournant la montagne Dangereuse et arrivant sur la ligne de défense près de Kinkié-chan-nord. Là, il bifurquait, une portion allant derrière les ouvrages du front est, l'autre vers le nord jusqu'à la batterie Kourgane d'où il revenait au sud en passant près de l'arsenal et de la porte nord-est.

Les autres communications étaient assurées par le chemin sortant de la porte centrale et se divisant ensuite en deux tronçons : l'un contournant la nouvelle ville chinoise à gauche dans une vallée parfaitement à découvert et se rendant à Ehrlong; l'autre, après avoir contourné la nouvelle ville à droite, passait dans le défilé compris entre la Grande Montagne et Otrojnaia pour aboutir à Kinkiéchau-nord et à la batterie Zaliternaia.

Comme moyens secondaires de défense on doit signaler que des projecteurs étaient établis : sur la batterie n° 22, sur les forts I, Kikouan-nord et Ehrlong, sur le mur chinois, dans l'intervalle entre Ehrlong et Hatchimaki et sur la batterie Kourgane. L'énergie électrique était fournie par des dynamos établies partie dans des locaux ordinaires, partie dans des abris blindés. La majorité de ces projecteurs étaient fixes et seul le projecteur d'Ehrlong pouvait se mouvoir sur rails. Les points de dérivation se trouvaient près de la batterie A, dans le ravin derrière Ehrlong et sur le chemin conduisant de ce fort à la nouvelle ville chinoise.

Le service des communications se faisait : par téléphones, par sémaphores à signaux et ordinaires, par une sotnia de cosaques et par des vélocipédistes. L'état-major de la place était relié aux états-majors des secteurs et ceux-ci avec les forts, ouvrages, commandants des régiments et des batteries. Celles-ci étaient réunies entre elles et avec quelques observatoires, mais malheureusement ces dernières lignes étaient rares.

Les fortifications du secteur ouest commençaient à l'arsenal et étaient d'abord formées de tranchées qui aboutissaient à la redoute du cimetière. En avant de cette ligne se trouvaient des obstacles artificiels : trous de loup, pieux en échiquiers, fougasses automatiques et réseaux de fil de fer.

La *redoute du cimetière*, sur laquelle il y avait une pagode, était armée de six canons de 7,5 cm ; une autre batterie voisine avait des canons de 10,7 cm. Elles étaient entourées d'un rang de retranchements.

A gauche, sur la colline Dentelée, se trouvait la *batterie permanente G* avec 4 canons de 15 cm et en dessous une batterie de 4 mortiers de 15 cm. Plus au sud encore, la *batterie V* (du *sapeur*) avec 4 canons de 15 cm (3 040 kg). Les deux montagnes étaient entourées de deux rangs de retranchements.

En avant, sur le sommet de la haute montagne escarpée Caponnière, était établi Itsouchan avec une garnison d'une compagnie et un armement de 4 canons légers, 4 de 7,5 cm et 2 mitrailleuses.

A gauche de ce fort se trouvait une batterie de 4 mortiers de 15 cm et 2 canons légers.

Au nord, ces ouvrages de la ligne principale étaient couverts par des positions avancées. Le long de la rivière Lounho se trouvait la position de la *Conduite d'eau* ou de l'*Aqueduc* formée des *redoutes* du *Rocher*, de l'*Aqueduc* et du *Temple*, reliées par une tranchée générale. Sur celle-ci, dans l'intervalle entre les ouvrages de l'Aqueduc et du Temple, étaient préparées deux batteries de réserve pour canons de campagne. La redoute du Temple avait été piquetée dès le temps de paix ; à la mobilisation on avait construit en arrière d'elle deux lunettes. Pour soutenir cette redoute, on avait occupé la montagne Panlongchan en y construisant deux lunettes et deux batteries entourées par une ligne de retranchements.

Une portion du mur chinois reliait la batterie G et Grand Antsechan.

La garnison de ce dernier ouvrage était d'une compagnie et son armement de 4 canons de 15 cm (1 920 kg), 8 canons légers et 2 mitrailleuses.

L'intervalle compris entre Grand Antsechan et Tayangkou était rempli par deux et quelquefois trois rangs de retranchements avec des ouvrages de campagne.

Tayangkou avait aussi une compagnie comme garnison

et était armé de : 2 canons Canet de 15 cm, 2 canons de 7,5 cm, 5 légers, 2 Baranovsk et 2 mitrailleuses.

Sur la hauteur en arrière de ce fort se trouvait la batterie temporaire du Pigeon avec 4 canons de 7,5 cm; à côté une batterie de 2 canons légers et, un peu plus à gauche, une autre de 4 canons légers.

La batterie D avait 4 canons de 15 cm (3040 kg) et 2 légers.

Yahutsoui possédait : 4 canons de 10,7 cm, 4 légers, 4 Baranovsk et 2 mitrailleuses.

L'intervalle entre cet ouvrage et l'emplacement du fort VI était occupé par une rangée continue de tranchées, par des lunettes et des batteries de campagne en avant desquelles, outre un réseau de fil de fer, on avait creusé des trous de loup.

Dans les retranchements construits à l'emplacement du fort VI on avait installé une compagnie avec 4 canons de 10,7 cm et 4 légers.

Enfin de ce point jusqu'à la *batterie du Loup blanc,* on avait établi des tranchées qui entouraient la *redoute de la Colline du sel.*

En avant de l'intervalle entre Itsouchan et Tayangkou, on avait occupé un groupe de hauteurs dont on avait fortifié Ouglovaia et la montagne de la Division.

La montagne qui dominait tout ce front ouest du côté de la ville était faiblement fortifiée; il n'y avait qu'une batterie de trois canons de 15 cm entourée par une tranchée et un réseau.

Sur trois hauteurs du massif de Laotichan on avait construit trois batteries pour canons de 15 cm.

Tous les ouvrages permanents du front ouest se trouvaient à proximité de la nouvelle ville. Les communications se faisaient par le chemin passant à travers cette ville et qui avait des ramifications vers la batterie D, Grand Antsechan, Itsouchan, Yahutsoui et Tayangkou.

Forces et armement des deux adversaires

L'armement du front de terre de la place peut être résumé dans le tableau suivant :

Artillerie ordinaire

Canons de 21 cm.	2
— Krupp de 15 cm.	2
Mortiers de 22,5 cm	8
Canons de 15 cm (3 040 kg)	33
— — (1 920 kg)	34
— 10,7 cm	24
Canons légers	155
Canons de 57 mm	27
Mortiers de campagne de 15 cm	22
Canons de 8,5 cm	8
Mitrailleuses.	48
Total. . . .	363

Canons empruntés à la flotte

Canons Canet de 15 cm	14
Canons de 15 cm	2
— 12 cm	1
— 3,5 kg	1
— 7,5 cm.	28
— 47 mm	22
— 37 mm	17
Total	85

Soit un total de 400 canons et 48 mitrailleuses.

Il existait en outre une réserve mobile se composant de : 4 batteries de campagne à tir rapide de la 4ᵉ division, 3 batteries de la 7ᵉ division et 1 batterie de 57 mm, ce qui donnait 60 canons. De sorte que le total général des canons s'élevait à 456.

La garnison comprenait : 9 régiments d'infanterie de 3 bataillons, 2 compagnies de gardes-frontières, 2 compagnies de débarquement de marins du Kouantong, 1 compagnie de sapeurs, 1 compagnie de chemins de fer, 1 compagnie de mineurs et 1 sotnia de cosaques. En tout, au moment de l'investissement, 27 000 hommes (¹).

L'armée de siège était constituée par trois divisions et deux brigades avec leur artillerie de campagne : 1 régiment par division et chaque régiment de 4 batteries à 8 pièces. D'où un total de $6 \times 32 = 192$ canons.

Le parc de siège possédait 106 canons se décomposant ainsi (²) :

```
        Canons de 12 cm. . . . . . . . . .  66
           —    15 cm. . . . . . . . . .  22
           —    20 cm. . . . . . . . . .   2
        Mortiers de 28 cm . . . . . . . . .  16
```

Il y avait en outre un certain nombre de canons de 15 cm (4,8 kg), des canons de marine de 11,5 cm et de l'artillerie de montagne.

C'était donc en somme un peu plus de 300 canons, mais parfaitement établis sur les pentes en retour des collines et bien dissimulés.

De ce qui précède, on peut immédiatement attirer l'attention sur les particularités ci-après :

1° Le flanc droit de la place avait ses ouvrages trop près du noyau central. Il eût mieux valu terminer le front est aux ouvrages du Signal et y comprendre Siaokouchan et Takouchan. Ce front aurait été ainsi plus court et plus fort ;

2° Ces monts Siaokouchan et Takouchan étaient très mal fortifiés, ce qui eut des suites fatales ;

3° Les forts étaient éloignés de la ville de 3 à 3,5 km

(¹) Cette énumération n'est peut-être pas complète si l'on s'en rapporte à ce qui a déjà été publié dans la *Revue du Génie* (1906, t. XXXI, p. 516).
(²) D'après LARENKO, *Jours mauvais de Port-Arthur*.

sur le front est et de 1 km sur le front ouest, ce qui était trop peu et permettait de bombarder le noyau central non seulement avec les canons Krupp, mais aussi avec des canons de campagne et de montagne;

4° Sur six forts, un seul était fini, trois à moitié terminés, un si peu avancé qu'on avait toutes les peines à en reconnaître les formes et un pas commencé du tout;

5° Un grand nombre de vallées et ravins dans les intervalles entre les forts n'étaient battus de nulle part;

6° Quelques forts étaient disposés de telle sorte qu'ils ne se voyaient pas et ne pouvaient se prêter un mutuel appui;

7° Les intervalles entre les forts étaient remplis par des tranchées ou de vieux ouvrages chinois n'ayant que des vues très limitées et manquant de solidité pour résister aux assauts ou au feu de l'artillerie;

8° Sur les forts il n'y avait pas de caponnières d'arrière (¹) et les caponnières de gorge qui existaient étaient construites irrationnellement;

9° Par suite de leur non-achèvement, les forts présentaient sur leur pourtour des angles morts. Songchouchan seul faisait exception;

10° Sur les forts et ouvrages on avait mis des canons Krupp;

11° Il n'y avait pas assez d'abris pour les canons destinés à repousser les troupes d'assaut;

12° Dans les coffres de quelques forts, il n'y avait pas de canons de flanquement, ce qui montre bien la complète négligence du flanquement des fossés;

13° Les voûtes bétonnées des abris n'avaient que 90 cm d'épaisseur;

14° Les batteries temporaires pour canons Krupp étaient construites sur les sommets des montagnes et visibles de loin;

(¹) Ce terme est toujours employé par l'auteur pour désigner les casemates ou ouvrages flanquant les intervalles entre les ouvrages.

15° Dans l'armement de la place il y avait trop peu de mortiers et une quantité de canons d'un type démodé ;

16° A peu d'exceptions, tous les forts, ouvrages et batteries étaient vus de l'ennemi ;

17° Les chemins de communication allant de la ville aux fronts étaient trop à découvert ;

18° Certains moyens de transport, comme, par exemple, les chemins de fer sur voie fixe ou transportable étaient inconnus ;

19° Ni dans les intervalles, ni en arrière il n'y avait d'observatoires ;

20° Il n'existait pas sur les forts d'observatoire cuirassé. Les quelques tours construites pour cet usage préservaient seulement des shrapnels et des éclats ;

21° Il n'y avait pas de réseau téléphonique spécial pour la direction du feu de l'artillerie. Celle-ci était assurée par le service téléphonique général, aussi fonctionnait-elle très mal ;

22° Toutes les lignes téléphoniques étaient aériennes et sur poteaux en bois ;

23° Il n'y avait que quinze projecteurs dont douze fixes ;

24° Les appareils pour la télégraphie sans fil étaient installés, mais ne fonctionnaient pas ;

25° Il n'y avait pas de ballons dans la place ;

26° Les réserves d'instruments et de matériel pour le service du génie étaient restreintes et elles avaient encore été diminuées par des envois faits aux troupes en campagne avant l'investissement.

Tous les travaux qui ont été énumérés plus haut durèrent cinq mois et demi.

L'absence d'états officiels ne permet pas de fixer exactement le nombre des travailleurs employés pendant ce laps de temps, le matériel utilisé ni les charrois nécessaires pour le transporter. Néanmoins, en raison de l'importance que ces chiffres peuvent présenter pour l'établissement des plans de défense, il est intéressant de citer ceux dont on a pu disposer.

Dans le courant de février et mars, on désignait journellement pour les travaux les trois quarts des troupes de la 7ᵉ division, ce qui faisait 8 000 hommes par jour. En avril et mai, ce nombre se réduisit jusqu'à 2 000, mais après le 28 mai, le 5ᵉ régiment de tirailleurs sibériens fournit journellement 1 000 hommes. En juin et juillet, les fantassins travaillant sur la position ne dépassaient pas 3 000 par jour.

Le nombre quotidien d'ouvriers chinois était de 6 000, mais comme rendement ils ne valaient pas plus que 4 000 Russes.

De cette façon, dans le courant de février et mars, il y avait journellement sur les travaux 12 000 hommes, ce qui donne $59 \times 12 000 = 708 000$ journées de travailleurs.

Du 15 mai à la fin de juillet, 6 200 hommes journellement, soit 477 400 journées.

Pour effectuer les travaux, il fallut donc 1 645 000 journées de travail.

En admettant pour la ligne de défense une longueur de 22 km, on voit qu'il fallut 75 220 journées par kilomètre.

Comme moyens de transport on disposait par jour de 150 voitures à deux roues de la 7ᵉ division et de 80 charrettes chinoises louées volontairement. Pour une même quantité de matériel à transporter, elles équivalaient à 200 voitures à deux roues.

CHAPITRE IV

Après avoir décrit les trois phases du développement de Port-Arthur ainsi que ses particularités et donné l'état des forces des deux adversaires, on peut passer maintenant au rôle que cette place a joué pendant la guerre, à celui de ses fortifications, enfin à l'énumération de ses défauts généraux et particuliers.

IMPORTANCE DES POSITIONS AVANCÉES

Le 30 juillet, l'investissement de la place était complet : toutes les troupes du Kouantong avaient été refoulées dans la région fortifiée de Port-Arthur et la montagne du Loup avait été évacuée. L'ennemi commençait à y installer ses batteries.

La ligne d'investissement était sensiblement parallèle à la ligne des forts, mais en se refusant pourtant aux deux ailes par suite de l'occupation par les Russes des montagnes Ouglovaia et Takouchan, ce qui faisait ressortir immédiatement la grande importance de ces deux positions. Tant que ces montagnes seraient en la possession des détenteurs de la forteresse, il était clair en effet qu'ils domineraient la baie du Taho, celle du Pigeon et en plus toute la plaine comprise entre cette dernière baie et le front ouest. De même, jusqu'à la prise d'Ouglovaia, l'investissement de ce dernier front était impossible.

Cette grande importance tactique des deux collines était bien connue des Japonais pour qui leur prise aurait présenté non seulement l'avantage d'une poussée vers la ville, mais encore celui de pouvoir établir des batteries de siège rapprochées. Par conséquent, pour atteindre ces divers buts et surtout dominer l'enceinte et les ouvrages fortifiés, l'ennemi devait avant tout s'emparer de ces positions avancées. Aussi commença-t-il l'attaque le 7 août, lorsqu'il eut concentré derrière la montagne du Loup une bonne partie de son armée de siège. Après de nombreux assauts, Takouchan et Siaokouchan étaient prises. Cette fois on avait tenu bon sur Ouglovaia, ce qui empêchait l'ennemi d'étendre sa ligne d'investissement à gauche. Mais la possession des deux premières collines lui ouvrait un nouveau champ d'action et lui permettait d'essayer des attaques brusquées sur le front nord-est.

De cette chute rapide des fortifications élevées sur les montagnes à l'est de la place, certains ont conclu à la faillite des positions avancées. A ce nombre appartient Timtchenko Rouban, l'auteur de l'ouvrage déjà cité. Il dit que les positions avancées n'ont joué à Port-Arthur qu'un rôle secondaire et il écrit même : «... si on ajoute que les redoutes Panlong, qui étaient dans le périmètre de la place, étaient prises le 22 août, il est clair que les conceptions étaient erronées sur le rôle des positions et ouvrages avancés[1] ».

Le lieutenant-colonel von Schwarz ne partage pas cette opinion radicale et estime que, dans certains cas, les positions avancées peuvent être très utiles à l'assiégé.

Lorsqu'on fait un projet de défense, on dispose naturellement les forts sur des points ayant une importance technique particulière. Il est bien évident que si l'on a à fortifier une place en pays de plaine où tous les ouvrages auront des vues très étendues, la défense se concentrera sur la ligne principale qui se trouvera être celle des forts. Mais de tels cas sont rares et généralement on trouvera

---

[1] Cette discussion sur le rôle des positions avancées a déjà été ouverte dans la *Revue du Génie* (1906, t. XXXII, p. 270), à propos d'un article du major du génie autrichien Kuchinka, où il est fait allusion à l'opinion de Timtchenko Rouban.

en avant des ouvrages de la ligne de défense des terrains découpés et accidentés. Alors selon leur situation, leur hauteur, leur facilité d'occupation, certaines des collines, montagnes ou groupes de montagnes acquerront pour le temps de siège une importance égale à celle d'un fort et cela aussi bien pour l'assiégé que pour l'assiégeant. Par économie, en temps de paix, on ne construira rien sur ces positions qualifiées d'avancées, mais pour la mobilisation il faudra y prévoir des travaux.

C'était justement le cas pour Port-Arthur où il existait un enchevêtrement de collines et de ravins tel qu'à 1 km des forts, il y avait nombre de points non battus permettant ainsi à l'adversaire d'amener ses troupes à couvert et de les concentrer dans les vallées à l'abri des vues du défenseur.

Bien plus, à des distances de 1,5 à 2 km des forts, se trouvaient des massifs importants tels que Takouchan, Siaokouchan, Vysokaia, Ouglovaia dominant fortement la place. Le colonel Velitchko avait projeté de les occuper par des ouvrages permanents, mais on s'en abstint par mesure d'économie et on ne s'en souvint que bien peu de temps avant le commencement du siège.

Takouchan avait un commandement important sur tous les forts et ouvrages du front est. De son sommet, on voyait : non seulement les forts, mais encore toutes leurs communications entre eux ou avec la place ; les batteries temporaires ; l'enceinte centrale ; la ville et même une partie du port et des vaisseaux qui s'y trouvaient. Elle constituait donc un excellent observatoire pour les Japonais, à tel point qu'après l'établissement de leurs obusiers de 28 cm, le réglage du tir était quelquefois effectué au deuxième coup. Enfin, elle permettait de rassembler sur les pentes nord-est des troupes et du matériel qui ne pouvaient être décelés d'aucun des ouvrages de la forteresse. Il est donc facile de comprendre les efforts de l'ennemi pour s'en emparer et l'énergie avec laquelle on la défendit, mais ce que l'on conçoit moins c'est l'apathie montrée pour organiser sa défense aussi bien en temps de paix qu'après la mobilisation : les hostilités avaient commencé le 8 février et ce n'est que le 19 juin qu'on pensa à y établir des retranchements pour deux compagnies et huit canons, et cela dans un sol rocheux et sous la menace immédiate de l'ennemi ; le 30 juillet, l'investissement était complet et ce n'est que le 2 août qu'on décida et qu'on ordonna au capitaine Rachevski de construire sur Takouchan et Siaokouchan deux ouvrages fermés. Cet ingénieur mena énergiquement les travaux sous une pluie de shrapnels, mais, cinq jours après, l'assaut était commencé, et, le 9 août, Takouchan était prise.

Il est bien certain que, si on avait apprécié l'importance de cette montagne à sa juste valeur et qu'on l'eût fortifiée convenablement au moment favorable, elle n'aurait été enlevée ni aussi facilement, ni aussi rapidement.

Et cependant, tandis que sur la montagne du Loup, où personne ne pouvait les gêner, les Japonais avaient terminé leurs batteries une semaine après le 30 juillet, à Takouchan elles n'étaient prêtes que dix jours plus tard, vers le 16 août. Leurs attaques brusquées avaient donc été reculées de ce laps de temps : toute journée perdue pour l'assiégeant est gagnée par son adversaire.

Après l'occupation de cette position et la construction d'un bon observatoire, la direction du tir et des colonnes assaillantes était facile et on pouvait mener les assauts du 22 août sur tout le front est en conduisant la bataille comme sur une carte.

Ainsi qu'on le sait, ces assauts amenèrent la prise des redoutes Panlong, puis l'attaque progressive de Kikouan-nord et d'Ehrlong. Tout cela se serait-il produit si les Russes avaient conservé Takouchan ? Certainement non ! Est-il alors possible d'affirmer que les positions avancées sont inutiles et qu'elles ne sont qu'une occasion de dépense de force et de matériel ? Oui, si elles sont constituées par une montagne nue ! Non ! si on a pris le soin de les occuper fortement : il vaut mieux qu'il y ait de bonnes fortifications et peu de défenseurs que trop de ceux-ci et pas assez de celles-là.

L'auteur du projet de Port-Arthur avait reconnu l'importance de la position et avait proposé un ouvrage permanent. Il ne fut pas réalisé en temps de paix pour des causes diverses, mais on aurait au moins pu faire quelque chose pendant les cinq mois de la période de mobilisation et ce qui était possible dans ce laps de temps ne l'était plus en trente jours.

Ceci montre donc que l'organisation des positions avancées doit être exécutée en temps favorable.

On trouve encore une image plus frappante de l'importance de ces positions à propos de Vysokaia (colline de 203 m). Là, les retranchements étaient beaucoup plus développés qu'à Takouchan et l'héroïque 5ᵉ régiment y résista pendant quatre mois à des attaques endiablées des Japonais qui y perdirent 20 000 hommes. Ce point unique était attaqué avec d'autant plus d'ardeur par les uns qu'il était défendu avec plus d'opiniâtreté par les autres. Aussi, le 5 décembre, quand les Russes durent se retirer, Kondratenko disait-il : « Cela, c'est le commencement de la fin. » Trois jours après en effet, ce qui restait de l'escadre reposait dans le fond de la rade intérieure, et en moins d'un mois la place tombait.

La position de la Conduite d'eau ou de l'Aqueduc, qui avait été fortifiée beaucoup plus soigneusement que les autres, tint pendant deux mois et remplit parfaitement son rôle d'avant-garde.

Une partie de Panlongchan resta longtemps aux mains des Russes et, avec la montagne de la Division, empêcha les Japonais de répéter l'habile manœuvre qui leur avait si bien réussi en 1894.

Tous ces exemples montrent bien l'importance de l'occupation de certaines positions avancées et on voit que, loin de nuire à l'organisation de la ligne principale de défense, elles la complètent plutôt. Il y aura toujours intérêt à étendre le plus loin possible la résistance de la place et à ne reculer que pied à pied.

Par suite du non-achèvement des travaux de Port-Arthur, il est bien certain que l'utilisation des positions avancées n'a pas été très efficace, mais si la place avait été terminée d'après les projets rédigés, n'eût-on pas été appelé à occuper d'autres positions que celles envisagées précédemment ?

En jetant les yeux sur une carte de la presqu'île du Kouantong, on voit de suite l'existence d'une colline importante située à 2 ou 3 km de la ligne des forts et à laquelle on a donné le nom de montagne du Loup. Derrière cette chaîne haute et escarpée s'étend une plaine de 10 km où on trouve les principaux chemins d'accès dans la place. C'est par cette vallée seulement qu'on pouvait amener, à l'abri des vues, tous les accessoires du corps de siège ; c'est là aussi qu'on pouvait constituer des magasins, des entrepôts et des camps pour les troupes. Si cette montagne avait été occupée par les Russes qui y auraient établi des canons à tir rapide et à longue portée, est-ce que les Japonais auraient pu aussi facilement organiser leur ligne d'investissement ? Est-ce que la conduite du siège n'en aurait pas souffert ? Il est permis d'en douter !

Certes, dans l'état où se trouvait la place au début des hostilités, on ne pouvait songer à occuper solidement la montagne du Loup, mais si les travaux avaient été menés à bonne fin au moment voulu, on eût dû s'établir sur cette position avancée.

Tout ceci porte à croire qu'il est impossible pour la défense d'attendre paisiblement que l'ennemi vienne attaquer la ligne des forts, il faut absolument empêcher l'adversaire de s'organiser, le gêner autant qu'on le pourra et retarder par cela même le resserrement de la ligne d'investissement. La défense active de la place consiste d'une façon générale dans l'organisation de la bataille sur les positions d'avant-garde, ce qui a l'avantage de relever le moral des troupes. Bien entendu, il est impossible de recommander d'occuper et de défendre chaque monticule en avant des ouvrages, mais seulement les positions qui par leur situation, leur facilité de défense, leur hauteur et leur distance des ouvrages peuvent avoir une grande influence sur la marche des opérations. Plus la position est favorable pour l'ennemi, plus il sera nécessaire de l'occuper, de la fortifier et de la défendre afin de retarder ses approches.

ATTAQUES BRUSQUÉES

Après la prise de Takouchan, les Japonais tentèrent une nouvelle série d'assauts de la montagne Ouglovaia qui commencèrent le 15 août. Ils ne purent s'emparer, au bout de cinq jours d'une lutte furieuse, que d'une des redoutes de cette montagne. Pour s'étendre vers l'ouest, il fallait donc se résigner à de nouvelles attaques dont le résultat était difficile à prévoir. D'autre part, le maréchal Oyama, qui désirait vivement employer les troupes immobilisées devant Port-Arthur pour les utiliser contre Kouropatkine, pressait Nogi d'agir. Enfin ce dernier, qui en 1894 avait pris la place d'assaut avec sa brigade, brûlait de renouveler ses exploits antérieurs. Tout le décida à une attaque brusquée.

Le colonel von Schwarz donne le récit de cette attaque d'après l'auteur anglais David James qui assista à l'action dans le camp japonais et qui en fit un tableau, paraît-il, très exact dans son ouvrage *Le Siège de Port-Arthur*. Nous ne le reproduirons pas ici, car un résumé très fidèle des attaques du 22 au 25 août a été fait déjà (¹), et nous nous bornerons seulement à rappeler l'ordre de bataille des troupes japonaises au 19 août.

Aile droite : 1ʳᵉ division (1ʳᵉ et 2ᵉ brigades Tokio, 1ᵉʳ, 15ᵉ, 2ᵉ et 3ᵉ régiments) depuis les rives nord de la baie Louise jusqu'au pied des hauteurs à 400 m du village de Souichiyng.

Centre : 9ᵉ division (6ᵉ et 18ᵉ brigades Kanasava, 7ᵉ, 35ᵉ, 19ᵉ et 36ᵉ régiments) très au nord de Souichiyng, dans la vallée coupant le chemin de fer jusqu'à 1600 m en droite ligne à l'est de Panlong et au nord-ouest de Takouchan.

Aile gauche : 11ᵉ division (10ᵉ et 21ᵉ brigades Chikokou, 12ᵉ, 43ᵉ, 22ᵉ et 44ᵉ régiments) tout le long de la ligne des fortifications du secteur est jusqu'au pied de Takouchan.

Réserve principale : deux brigades (18 000 hommes de réserve [six régiments : 1ᵉʳ, 15ᵉ, 16ᵉ, 30ᵉ, 38ᵉ et 9ᵉ]) sous le commandement direct de Nogi.

Toutes ces troupes étaient logées dans des bivouacs organisés sur les pentes de la montagne, à l'abri des coups de l'artillerie russe.

De la description donnée par David James, le lieutenant-colonel von Schwarz déduit que le plan de Nogi consistait :

1° A concentrer un fort feu d'artillerie sur tout le front de la place, mais principalement sur l'intervalle entre Kikouan-nord et Ehrlong;

2° A continuer ce feu jusqu'à destruction des ouvrages et extinction du feu de l'artillerie adverse : pour cela trois jours semblaient suffisants ;

3° A faire en même temps des attaques démonstratives des côtés ouest et est ;

4° A la faveur de ces attaques et du feu de l'artillerie de

(¹) Voir *Revue du Génie*, 1906, t. XXXI, p. 30.

la division chargée de l'action principale, à pénétrer progressivement au fur et à mesure des progrès de l'artillerie japonaise;

5° A désigner un but à la 9ᵉ division : s'emparer des ouvrages intermédiaires entre Kikouan-nord et Ehrlong, forcer le mur chinois reliant les gorges de ces ouvrages et prendre d'assaut Wangtaï-haut;

6° A pénétrer ensuite par la gorge dans les batteries intermédiaires et les deux forts précités. Ces positions prises, s'y fortifier, puis par une action finale, repousser les Russes jusqu'au noyau central, dans lequel on pénétrerait de vive force.

A cet effet, les mesures prises étaient les suivantes : réunion d'un parc de siège de 3oo pièces; chaque attaque était faite par une division soutenue par son artillerie; l'action finale devait être enlevée par les six régiments de la réserve générale; la flotte devait soutenir les troupes sur les flancs; les buts de l'artillerie de siège étaient les forts, les batteries et les ouvrages intermédiaires; les sapeurs devaient détruire les obstacles artificiels sur les positions; le directeur du combat avait un système complet de lignes téléphoniques qui reliaient d'autre part les batteries et les états-majors avec les observatoires.

Le succès de l'assaut était favorisé par : le non-achèvement des ouvrages et leur entière visibilité; les couverts formés par les villages et jardins non détruits; les grands angles morts occasionnés par les nombreuses vallées et ravins en particulier près du Lounho et au voisinage des ouvrages.

L'auteur cite aussi un certain nombre de messages téléphonés qui montrent ce qui s'est passé du côté des Russes et qui sont de nature à éclaircir quelques points des journées tragiques du 19 au 24 août, nous les reproduisons intégralement ci-après.

19 août

1° De l'état-major de la 7ᵉ division, 7ʰ40 matin :

A 5 heures du matin, les Japonais commencent à canonner de la montagne du Loup(¹) Ehrlong; les redoutes Panlong.

2° De l'état-major de la 7ᵉ division, 11ʰ5 matin :

Le général Gorbatovski communique : Aujourd'hui Panlong-est bombardée et complètement détruite ; tous les canons sauf un hors d'usage; trois abris blindés comblés ; 3 tirailleurs tués et 20 blessés. Sur Ehrlong, tous les grands canons sont détruits.

3° Au chef de la 7ᵉ division, 7ʰ35 soir :

Le commandant de Panlong-ouest, capitaine d'état-major Krouglik rapporte(²) que dans la direction du village Palitchouang, le mouvement de nombreuses colonnes a été remarqué sur le gaolian et les ravins. A Ehrlong la canonnade ennemie a brûlé un magasin aux munitions.

4° De l'état-major, 7ʰ40 soir :

A 7 heures du soir s'est terminé l'assaut de la redoute de l'Aqueduc par deux ou plusieurs bataillons japonais(³). Grâce au soutien de l'artillerie, l'assaut semble repoussé. La situation des compagnies est critique. Les Japonais sont couchés dans le fossé et entourent la redoute. Les compagnies pourront-elles se retirer ? — Colonel Semenov(⁴).

5° Au colonel Semenov, 7ʰ50 soir :

Se retirer de la redoute de l'Aqueduc est impossible.

(¹) Au même moment commençait l'attaque de la montagne Ouglovaia.
(²) Outre ce rapport sur les mouvements de l'ennemi, il en existait un autre de l'observatoire cuirassé de la montagne du Rocher près de Songchouchan. Ni cet ouvrage, ni Kikouan-nord n'avaient vu ces mouvements.
(³) Attaque démonstrative sur le front nord.
(⁴) Ce message ainsi que les messages 6 et 8 montrent clairement combien il convenait peu de remplir les intervalles entre les forts par des ouvrages temporaires aussi faibles.

Envoyer ici comme soutien aux deux compagnies de l'artillerie de campagne pour canonner les approches de la redoute. — Général Smirnov.

6° Au commandant de la place, 9ʰ20 soir :

Je rapporte, d'après le rapport du commandant de la compagnie, que l'abri blindé de la redoute de l'Aqueduc est démoli et que les hommes qui s'y trouvaient sont tués. Deux compagnies sont envoyées comme secours.

20 août

7° Au commandant de la place, 6ʰ15 soir :

L'ennemi canonne les redoutes avec acharnement, principalement Panlong-est ainsi que les batteries voisines. Actuellement une brèche est faite dans le mur chinois. En face des redoutes, dans le gaolian, on voit de l'artillerie de campagne et derrière elle d'importants partis d'infanterie. Je pense qu'aujourd'hui l'ennemi attaquera les redoutes. — Général Gorbatovski.

21 août

8° Au général Gorbatovski :

Tous les hommes qui avaient été envoyés dans les retranchements de Panlong-est sont tués. Il est impossible de tenir. Nous attendons des ordres. — Ont signé : le capitaine Sokolov du 14ᵉ régiment et le capitaine d'état-major Krivozoutchenko.

Ce message, envoyé à l'état-major de la place, j'ajoute que toutes les réserves sont employées et que je ne puis donner d'aide aux redoutes. — Général Gorbatovski.

9° Toute la vallée du nouveau magasin d'approvisionnement est fortement canonnée ; dans la nuit la réserve a été très éprouvée par le feu. — Général Fock.

10° Au commandant de la place, 4ʰ40 matin :

L'ennemi attaque le front est ; les premières salves ont

été tirées à 4 heures du matin. L'assaut principal, à mon avis, sera sur deux redoutes. — Général Gorbatovski.

11° Au commandant de la place, 8ʰ 40 matin :

On voit l'ennemi s'installer avec de grandes forces entre Kikouan-nord et Ehrlong. L'absence chez nous d'artillerie et d'abris rend la situation très difficile. Les réserves s'épuisent, il reste quatre compagnies. Les hommes résistent fermement, mais ils souffrent terriblement des obus, des shrapnels et des mitrailleuses. — Général Gorbatovski.

12° A 9ʰ 15 matin :

L'absence d'artillerie chez nous rend la situation très dangereuse ; je demande comme soutien une batterie de campagne. — Général Gorbatovski.

13° A 9ʰ 45 matin :

Les rangs s'éclaircissent avec une rapidité effrayante. J'ai utilisé les dernières réserves. — Général Gorbatovski.

14° Du fort I au général Smirnov, 10ʰ 40 matin :

L'ennemi traverse la vallée du chemin de fer et se dirige en partie contre le flanc gauche de la 3ᵉ compagnie du 25ᵉ régiment et en grande partie sur Palitchouang. On canonne le fort I. Il faut que l'artillerie canonne les colonnes concentrées qui se préparent à l'assaut. Il faut approcher les réserves. — Stœssel.

15° Au commandant de la place, 11 heures :

J'estime la situation très sérieuse. Les forts et les ouvrages sont tous détruits, les défenseurs en nombre écrasant tués, l'artillerie n'agit pas. Presque tous les petits canons sont détruits, la réserve est dépensée et de partout on demande de l'aide. Il y a des compagnies où il n'y a presque plus personne dans les rangs. Le calme actuel de la fusillade vient de ce que l'ennemi se concentre et se prépare à l'assaut. — Général Gorbatovski.

J'ai compris : s'ils persistent, il faudra préparer la réserve générale et envoyer tous les marins dans les retranchements. — Stœssel.

16° Au général Fock, midi :

Je demande qu'on donne l'ordre à deux bataillons du 14ᵉ régiment de se rendre au magasin d'approvisionnement derrière la batterie A dans la vallée entre la Grande Montagne et les ouvrages. — Smirnov.

17° Au commandant de la place, midi 25 :

L'ordre pour l'envoi de deux bataillons de la réserve a été donné par moi aussitôt réception de l'avis, mais j'ai estimé de mon devoir de rendre compte que cette réserve a été canonnée toute la nuit par les shrapnels de l'ennemi ; je m'attends également à ce que les Japonais fassent une attaque de nuit ; c'est en raison de cela que je désirerais avoir une réserve fraîche et non fatiguée. Actuellement les Japonais agissent exactement d'après la méthode de von Sauer, mais les réserves du général Gorbatovski suffisent pour le moment à les maintenir en haleine. — Fock.

18° Au commandant de la place, 4ʰ45 soir :

La situation n'a pas empiré, malheureusement il faut dire que quatre canons à tir rapide de la lunette Kouropatkine ont été criblés d'obus. Il y a une station téléphonique, mais elle ne marche pas ; la ligne a été rompue, on l'a réparée plusieurs fois, mais elle est de nouveau détériorée. A l'approche de la nuit, nous établirons des canons sur la position. L'ennemi en grande force est concentré de 250 à 450 m des redoutes, en particulier vis-à-vis de Panlong-est. — Gorbatovski.

22 août

19° Au commandant de la place, 5ʰ10 matin :

A 3ʰ30 du matin a commencé une forte canonnade de part et d'autre à Panlong-est. A ce moment, l'ennemi comble cette redoute d'une quantité énorme de shrapnels. — Gorbatovski.

20° Au commandant de la place, 6 heures matin :

L'ennemi canonne de partout avec des shrapnels et

dirige une fusillade nourrie sur Panlong-est. Deux compagnies du 14ᵉ régiment étaient chez moi en réserve, mais le général Fock les a renvoyées à la réserve générale, de sorte que je n'ai plus, non compris les marins, qu'une seule compagnie de tirailleurs ; celle-ci a été envoyée à Kikouan-est qui fléchissait et elle y est restée. Qu'est-ce que fait l'adversaire, il est impossible de le comprendre. — Général Gorbatovski.

21° Au commandant de la place, 9ʰ20 matin :

En avant des redoutes, dans les mares, il y a certainement de petits partis de l'adversaire et ils se canonnent avec les redoutes. Sur toute la ligne, et de loin en loin, l'ennemi envoie des obus et des shrapnels. — Gorbatovski.

22° Au commandant de la place, 11ʰ25 matin :

A 10ʰ30 ce matin, l'adversaire a concentré tout son feu d'artillerie sur les redoutes Panlong, en même temps qu'apparaissaient quelques colonnes importantes. Après avoir chassé des troupes déjà affaiblies, l'ennemi s'est emparé de Panlong-est, mais il n'a pu s'y maintenir longtemps et a été repoussé par nos tirailleurs qui à leur tour ont été soutenus par toutes les compagnies de marins. Actuellement la redoute est entre nos mains, mais de nouveau l'artillerie ennemie la canonne fortement. De notre côté, des mortiers et des canons à tir rapide répondent. Je témoigne de l'audace réelle des marins et des tirailleurs. Le combat se prolonge, les réserves sont dépensées, y compris les bataillons du 14ᵉ régiment. — Gorbatovski.

23° Au lieutenant-colonel Poklad, du fort Kikouan-nord, midi 20 :

Le fort reste sans défenseurs, il n'y a plus que 40 hommes disponibles, les canons sont démolis ainsi que deux mitrailleuses, le parapet détruit. L'artillerie canonne tous les ouvrages avec des obus à explosifs brisants. L'infanterie en grande quantité se cache jusqu'à présent dans les ravins rapprochés. — Capitaine d'état-major Kvatts.

Je présente ce rapport à Son Excellence le général Gorbatovski, en même temps que je rends compte que je n'ai pas de réserve. — Lieutenant-colonel Pouchkars.

24° Au commandant de la place, 1 heure soir :

Je n'ai pas de réserve, tout est utilisé, il ne reste qu'une demi-compagnie de marins. La diminution des officiers est grande, Panlong-est a passé quatre fois de mains en mains, en ce moment une moitié est à nous et l'autre aux Japonais. Sous un feu terrible, la garnison des deux redoutes commence à se fatiguer. Le nombre des soldats diminue aussi considérablement. — Général Gorbatovski.

25° Au commandant de la place, $1^h 40$ soir :

La diminution des hommes et des officiers est énorme. Je n'ai pas de réserves. Le plus petit renfort des Japonais peut couronner le mur chinois parce qu'il n'y a personne pour le défendre. Je demande de la réserve. — Général Gorbatovski.

26° A l'état-major de la place, de la batterie de la colline dentelée, $1^h 45$ soir :

Chez nous, il n'y a personne pour observer, les officiers sont tous blessés. Le chef du groupe est contusionné ; qu'on envoie n'importe quel officier à l'observatoire.

27° Au commandant de la place, $4^h 30$ soir :

Je rapporte à Votre Excellence que la situation est plus que sérieuse, parce qu'après la bataille, il n'est resté dans chaque position qu'un petit nombre d'hommes presque sans officiers. Quoiqu'on puisse compter que les redoutes sont à nous, il n'y a personne pour les occuper effectivement, car je n'ai ni une compagnie de ligne ni une compagnie de réserve, hormis les pauvres débris des trois compagnies du 14° régiment. Avec de si faibles restes désorganisés, il est impossible de résister au plus petit assaut qu'on peut attendre à chaque minute. Il m'est difficile de m'absenter pour faire un rapport complémentaire et je vous demande si vous ne jugeriez pas utile de venir sur la montagne du Rocher, car votre présence est nécessaire sur le lieu du combat, ou alors permettez-moi d'aller vers vous. — Général Gorbatovski.

28° Au commandant de la place :

Je rapporte que les redoutes Panlong sont occupées par les Japonais et que de plus sur le mur chinois et à l'intérieur des positions, les hommes diminuent; les faibles contingents des défenseurs fondent d'heure en heure. J'estime que la défense est impossible, non seulement avec ce qui reste comme garnison, mais même avec beaucoup plus. Tant que les redoutes ne seront pas reprises, les Japonais peuvent percer notre ligne à toute minute. — Général Gorbatovski.

29° Au commandant de la place :

Les redoutes Panlong sont abandonnées. Les nôtres se sont retirés derrière le mur chinois. Ces ouvrages ont dû être évacués en raison de feux croisés de l'artillerie. Presque tous les défenseurs étaient tués. Six fois les Japonais envoyèrent reprendre les redoutes et de nouveau elles étaient occupées par nous; enfin par un feu violent ils anéantissaient toute la garnison. Tenir dans les redoutes était impossible. Kikouan-nord résiste, mais il n'y a plus que 40 hommes. Les Japonais se trouvent en grandes forces sous le glacis. On voit les échelles préparées. Évidemment dans la nuit d'aujourd'hui on livrera l'assaut. Tous les canons sont hors de service. Les mitrailleuses sont détruites et ne peuvent plus tirer. — Lieutenant-colonel Poklad.

30° De l'état-major de la place, 6ʰ5 soir :

De la redoute de l'Aqueduc on rapporte : Panlong-ouest est occupé par environ deux bataillons japonais; Kikouan-nord n'est pas occupé, mais près du glacis sont couchés environ trois régiments japonais et derrière eux on aperçoit encore des réserves. — Lieutenant-colonel Semenov.

31° Au chef d'état-major de la place, 6ʰ16 soir :

Le bataillon du 14ᵉ régiment est déjà arrivé au défilé

du nouveau magasin d'approvisionnement. — Lieutenant-colonel Dmitrevski.

A la lecture de ces messages, il se dégage que si les Japonais avaient été encore plus hardis, ils auraient eu quelque chance d'enlever Kikouan-nord après la chute des redoutes Panlong, mais il semble bien qu'ils aient eu la crainte de se heurter à une défense héroïque des fossés du fort.

De ce récit des attaques brusquées, on peut également essayer de tirer des conclusions sur les modifications qu'il serait désirable de voir apporter dans l'organisation générale des places et dans la construction des forts et ouvrages en particulier.

Les attaques démonstratives de la 1re division à l'ouest et au nord-ouest avaient atteint leur but, puisqu'on avait d'abord pensé que l'action principale allait se dérouler de ce côté et qu'on avait massé en conséquence la réserve générale sous les ordres du général Kondratenko. Ce résultat fut obtenu par une canonnade intensive et par l'apparition des colonnes d'assaut de la 1re division alors que les deux autres ne s'étaient pas encore découvertes.

Le feu d'artillerie concentré sur Kikouan-nord et Ehrlong était si fort que, déjà dans l'après-midi, Ehrlong s'était tu définitivement, ainsi qu'en témoigne le message téléphoné n° 2; il en était de même des canons des autres batteries. Cela provenait d'abord de la mise hors de service des canons, mais surtout d'une mauvaise disposition de l'artillerie qui était complètement à découvert. C'est à ce « silence obligé » que visaient les Japonais et comme on le voit ils y arrivèrent très rapidement, grâce à l'installation défectueuse des canons des forts. Néanmoins, commencé au matin, le tir ne cessa qu'à 6 heures du soir et pendant cette journée Ehrlong ne reçut pas moins de 2 400 projectiles, c'est-à-dire trois à quatre par minute.

Sur Kikouan-est, on compta 600 projectiles de 15 cm, soit un par minute; mais, si le nombre des projectiles des canons Krupp était trois ou quatre fois moindre que celui des autres canons, on en notait également provenant de canons de campagne et de montagne. Il y avait mi-partie obus et mi-partie shrapnels, ce qui permettait de mener parallèlement la destruction des ouvrages et des hommes restés à découvert. Sous un tel feu, il était tout à fait impossible aux servants russes de rester constamment auprès de leurs pièces, car ils auraient tous disparu en un jour. Il en résultait que certaines batteries tiraient à de longs intervalles et que d'autres se taisaient tout à fait [1]; les artilleurs se terraient dans les casemates où les abris blindés.

La garnison des ouvrages était concentrée tout entière dès le matin dans les casemates de gorge. A Ehrlong, on installa un observatoire cuirassé en forme de coupole sur le flanc gauche de la batterie de canons de 15 cm; il était constitué par une tôle de fer de 15 mm d'épaisseur recouverte de béton de ciment; il dépassait le parapet de la batterie de 15 cm. Un homme pouvait ainsi observer le tir et le mouvement des colonnes ennemies éloignées, mais il lui était impossible d'examiner les approches du fort. Pour atteindre ce dernier but, on devait faire appel au dévouement d'éclaireurs volontaires qui se tenaient sur le parapet de l'ouvrage. Ils se cachaient derrière les traverses et, à la faveur des visières disposées contre les shrapnels, ils observaient à travers les embrasures. Seulement, le feu était tellement intense que sur cinq de ces éclaireurs, trois étaient hors de combat le 19 août à midi. A partir de ce moment, l'observation n'était plus faite que par courts intervalles de cinq à dix minutes et quand le feu paraissait se ralentir; les éclaireurs sautaient alors sur le parapet.

---

[1] C'est à ce propos que les artilleurs déploraient que leurs canons soient dépourvus de boucliers contre les shrapnels.

Mais, pendant que la garnison cherchait un refuge dans les abris contre le feu de l'artillerie, la division japonaise désignée pour l'assaut s'avançait non pas en colonnes, ni en lignes déployées, ni même en tirailleurs, mais par petits détachements et en file indienne, en profitant, pour se dissimuler, de la présence des ravins et du gaolian épais. Elle occupait ainsi les villages et se tenait prête à l'action. Pas un seul poste d'observation de l'ouvrage n'avait découvert ce mouvement du 19 au 20 août. Le bombardement continuel avait obligé la garnison à rester cachée et quand, le 22 août, les Japonais s'approchèrent des redoutes Panlong, le feu redoubla de nouveau et l'observation cessa tout à fait. Voilà pourquoi les forts non seulement n'avaient pas soutenu les ouvrages intermédiaires, mais encore n'avaient pas vu comment et quand ils avaient été pris.

L'auteur, qui se trouvait sur le fort, à 350 m de la redoute prise, fut très étonné quand on reçut l'ordre d'ouvrir le feu sur cette redoute. Supposant que c'était une méprise, le commandant du fort envoya aux éclaircissements, mais la confirmation de l'ordre vint rapidement !

Il en est donc résulté que la canonnade dirigée constamment sur Kikouan-nord et Ehrlong les empêcha non seulement de prêter l'aide de leurs fusils aux ouvrages intermédiaires attaqués, mais encore ne leur permit pas d'observer les mouvements de l'ennemi, en un mot elle les priva de *mains* et d'*yeux*. On peut conclure de là à l'*extrême nécessité d'avoir sur les ouvrages des systèmes tels qu'ils permettent d'observer sans interruption et de soutenir les intervalles au moment opportun, même sous la plus forte canonnade*. Le premier desideratum peut être atteint par la construction d'observatoires cuirassés en quelques points choisis du fort. Le second par l'emploi de galeries bétonnées avec embrasures pour l'infanterie et de quelques tourelles pour mitrailleuses. On peut ajouter avec la plus complète assurance que *pas un seul fort ne pourra soutenir les intervalles si son infanterie n'a pas d'emplacements complètement à l'abri des shrapnels et des éclats.*

IMPORTANCE DES CAPONNIÈRES D'ARRIÈRE INTERMÉDIAIRES

La construction irrationnelle des caponnières de gorge découvertes à Kikouan-nord et à Ehrlong empêcha les Russes de les utiliser aussi bien qu'on l'eût désiré, comme caponnière d'arrière intermédiaire pour le soutien des intervalles. Et cependant, l'assaut du 22 août et celui de la nuit du 23 au 24 août démontrèrent nettement quel puissant moyen de défense elles auraient pu être si leur disposition en plan avait été meilleure. C'est alors qu'on s'est rendu compte que le tir de ces caponnières aurait dû se faire par des embrasures avec un champ de tir limité d'une part à la crête des glacis de l'ouvrage et d'autre part à 1 000 ou 1 200 m en avant. Des caponnières d'arrière ainsi organisées permettraient de soutenir les ouvrages voisins jusqu'à la dernière extrémité et la zone non battue serait insignifiante.

L'importance des caponnières d'arrière intermédiaires[1] se dessina parfaitement pendant l'assaut du mur chinois dans la nuit du 23 au 24 août. Par suite du non-achèvement d'Ehrlong, il existait aux angles de gorge des

---

[1] Des organes analogues, destinés au flanquement des intervalles ont déjà été signalés à maintes reprises dans la *Revue du Génie* : système du lieutenant-colonel du génie hollandais Voorduin, 1887, t. I, p. 281 ; proposition du commandant Laurent, 1888, t. II, p. 433 ; type Snijders, 1892, t. VI, p. 91 ; disposition du colonel russe Miaskovski, 1896, t. XII, p. 209 ; organisation de détail des places fortes du capitaine Sandier, 1897, t. XIV, p. 302. D'ailleurs, aussi bien pour ces casemates de flanquement que pour les autres desiderata formulés par le lieutenant-colonel von Schwarz, la plupart de nos lecteurs savent qu'ils sont déjà réalisés depuis quelque temps dans nos forteresses.

sortes de plates-formes abritées par des tas de terre formant traverse ; on y avait installé pour repousser les attaques de l'infanterie un canon de campagne et un canon de 37 mm sur affût. Lorsque, dans la nuit du 23 au 24 août, les Japonais s'avancèrent des redoutes Panlong vers le mur chinois, le commandant du fort fit diriger sur eux le feu des projecteurs et mit en action deux canons de campagne, une mitrailleuse et un canon de 37 mm de la caponnière de gorge. Ce feu, ouvert à une distance aussi rapprochée sur des troupes qui se croyaient invisibles, fut excessivement meurtrier et le général Kondratenko estima à 3000 hommes les pertes subies par l'ennemi dans cette action. Il va de soi que le soutien apporté ainsi par Ehrlong pour la défense de l'intervalle n'eut un tel succès que par suite de l'impossibilité pour l'ennemi d'envoyer en pleine obscurité des projectiles sur le fort sans crainte de tirer sur ses propres troupes.

La caponnière de gorge fut cependant appropriée comme caponnière d'arrière intermédiaire, car les fossés de gorge n'avaient qu'une très faible profondeur (dans les angles elle n'atteignait que 1,05 m environ). On y installa des canons de 37 mm qui permirent de canonner les glacis de Songchouchan et de Panlong-ouest. L'action de cette défense des intervalles fut si désagréable pour les Japonais, qu'ils essayèrent de l'annihiler en détruisant la caponnière elle-même. Pendant de longs jours, ils dirigèrent sur elle et de deux côtés le feu de leurs mortiers de 28 cm. Le mur de face gauche fut démoli en novembre, mais ce n'est que le 28 décembre qu'ils parvinrent à renverser le mur droit et à combler les embrasures. Toutefois, le capitaine Dobrovo réussit à dégager le champ de tir en dispersant les terres éboulées avec des cartouches de pyroxyline.

Ce qui s'est passé à Ehrlong montre bien l'importance des caponnières de gorge pour la défense des intervalles.

Mais dans certains cas on peut être amené également à utiliser des caponnières découvertes intermédiaires placées en dehors des ouvrages : s'il s'agit, par exemple, de battre un ravin qui échappe complètement à l'action des forts voisins. C'est en somme le rôle qu'a joué Hatchi-maki, construit par l'auteur sur un monticule à 350 m à l'est d'Ehrlong et dont il était séparé par un ravin profond de 20 m. Après avoir remarqué que de cette petite colline on battait parfaitement les approches du fort, il fit pratiquer sur la pente en retour une plate-forme pour deux canons de campagne dont l'un devait soutenir Ehrlong et l'autre Panlong-ouest. Cette petite batterie était protégée en avant par un retranchement d'infanterie et un réseau de fils de fer. D'après le récit de témoins oculaires, ces canons causèrent de grandes pertes dans les rangs japonais pendant l'assaut du 22 août de Panlong-ouest et ils les empêchèrent certainement de tourner cette redoute par la gauche. Elle ne fut d'ailleurs pas atteinte jusqu'à l'attaque d'Ehrlong qui la soutint aussi énergiquement. En réalité et bien qu'Hatchimaki ne fût qu'un ouvrage de campagne, les Japonais durent entreprendre contre lui une attaque progressive qui dura un mois et demi. Après s'en être emparés, ils purent avancer leurs travaux d'approche contre Ehrlong.

CHAPITRE V

SUR LA GRANDEUR DES INTERVALLES ENTRE LES FORTS

La question de la distance à laisser entre les forts est très controversée et, si l'on examine ce qui se passe dans les divers pays, on trouve que cette distance varie généralement de 2 à 4 km, mais qu'elle atteint parfois selon les circonstances 5, 6, 7 et même 8 km.

A Port-Arthur, il existait :

1° De la batterie de côte n° 22 jusqu'au fort I .	1 580 m
2° Du fort I à Kikouan-nord	4 240
3° De Kikouan-nord à Ehrlong	2 120
4° D'Ehrlong à Itsouchan.	3 700
5° D'Itsouchan à Tayangkou	3 180
6° De Tayangkou à l'emplacement du fort VI .	5 300

et par conséquent la grandeur des intervalles variait de 1 600 m à 5 km environ.

L'attaque principale fut dirigée entre les forts Kikouan-nord et Ehrlong, c'est-à-dire sur l'un des plus petits intervalles et qui paraissait le plus fort sous le rapport des fortifications, puisque les gorges des deux ouvrages étaient réunies par le mur chinois. Mais il faut se rappeler qu'il existait entre les deux hauteurs sur lesquelles s'élevaient les forts, quatre collines légèrement moins élevées, séparées entre elles et des premières par des ravins profonds. Sur les collines du milieu on avait aménagé les redoutes Panlong, qui empêchaient les forts de se voir et de se soutenir. Faut-il en conclure que l'emplacement des forts avait été mal choisi? Évidemment non! Ce qu'il eût fallu, c'est de remplacer les redoutes Panlong par des ouvrages permanents permettant non seulement de se soutenir réciproquement, mais encore d'aider efficacement l'un Kikouan-nord et l'autre Ehrlong. La prise rapide de ces deux redoutes ne permet guère d'envisager ce qu'il serait advenu si elles avaient été plus solidement construites.

Des autres circonstances du siège on peut déduire que :

1° Ehrlong soutint énergiquement : Songchouchan (distance : 600 m), Hatchimaki (distance : 320 m); et plus faiblement les redoutes de l'Aqueduc et du Temple (distances : 1 800 m).

2° Kikouan-nord aida seulement la caponnière ouverte n° 2 (P) [distance : 320 m] et la lunette Kouropatkine (distance : 175 m).

3° Songchouchan battit du feu de son infanterie les approches d'Ehrlong (distance : 600 m) et du feu de son artillerie la redoute de l'Aqueduc (distance : 2 120 m).

4° Itsouchan canonna énergiquement les abords de Songchouchan à l'aide de ses pièces marines de 7,5 cm (distance : 2 600 m).

5° Songchouchan et la batterie Kourgane reçurent une aide efficace du feu d'infanterie et des mitrailleuses des retranchements de la place Cosaque (distance : 850 m).

6° La lunette Kouropatkine soutint par une fusillade nourrie Kikouan-est (distance : 420 m).

7° Les canons Canet de 15 cm installés à Laotichan battirent énergiquement à une distance de 6 km les points menacés de Vysokaia, mais seulement pendant le jour.

Il semble en résulter que, dans la journée, les ouvrages peuvent se prêter un mutuel appui avec leur infanterie jusqu'à 450 m en terrains vallonnés et 850 m en plaine. Ces distances sont sensiblement les mêmes la nuit si la défense a à sa disposition des projecteurs qui rendent le but visible jusqu'à 575 m avec des appareils de 60 cm et jusqu'à 1 100 m avec ceux de 75 cm et de 90 cm. De l'avis de l'auteur et d'un grand nombre des défenseurs de Port-Arthur, dans tous les assauts qui ont été repoussés, c'est l'infanterie qui a joué le plus grand rôle, celui de l'artillerie n'étant que secondaire. Ceci s'explique très facilement par suite de la dispersion des troupes assaillantes au début des opérations de l'assaut. Sans contester l'importance de l'artillerie à tir rapide, on conçoit qu'elle ne peut avoir de réelle action que sur des masses compactes de l'ennemi. Partout ailleurs les shrapnels cèdent le pas aux balles et à la baïonnette.

Le rôle prépondérant de l'infanterie pour la défense des intervalles a une répercussion sur la distance entre les ouvrages, car elle ne peut le plus souvent tirer qu'autant qu'elle aperçoit le but à atteindre. Si l'on assimile la ligne des forts à l'enceinte des anciennes forteresses, on sait que pour ces dernières on fixait la distance soit des tours flanquantes, soit des bastions, à une double portée du fusil ou de la mitraille. Mais alors, cette portée était presque toujours inférieure à l'étendue du terrain embrassée par l'œil du défenseur, de sorte que cette question de visibilité du but n'entrait pas en jeu. A l'heure actuelle, il en est tout autrement et pour la *détermination des distances entre les forts on ne doit plus être guidé par la possibilité pour l'artillerie de tirer à grande distance, mais seulement par la facilité pour l'homme de viser clairement et distinctement le jour, ou bien la nuit à l'aide des projecteurs.* En admettant qu'on puisse obtenir une portée de 1 100 m avec les projecteurs de 75 ou de 90, la distance entre les forts pourra atteindre 2 200 m, de sorte que l'ouvrage intermédiaire permettra de battre les intervalles pendant la nuit. Le jour, forts et ouvrages se soutiendront réciproquement. Dans le cas où il n'existerait pas d'ouvrage intermédiaire, la distance entre les forts devra être réduite à 1 100 m.

FORTIFICATIONS DES INTERVALLES ENTRE LES FORTS ET RÔLE DE L'ENCEINTE CENTRALE

Malgré le principe immuable qui donne la supériorité aux ouvrages et aux lignes de fortifications continues, on s'en départit vers le milieu du dix-neuvième siècle en constituant les forteresses par des ouvrages détachés, au nombre de dix à douze avec autant d'intervalles formant ainsi de larges brèches toutes préparées pour le passage de l'ennemi.

On se rendit compte très vite des défauts de ce système. D'une part, on décida qu'à la période de mobilisation on garnirait les intervalles par des retranchements et des obstacles artificiels. D'autre part, afin de mettre les magasins à poudre et aux vivres ainsi que les états-majors à l'abri d'une surprise de l'ennemi qui aurait réussi malgré tout à passer entre deux forts, on conserva les vieilles enceintes et on en construisit, où il n'en existait pas, autour du noyau central.

Il en résultait que la ligne principale de défense était constituée par des retranchements de campagne construits à la hâte à la mobilisation, tandis que la seconde ligne était une enceinte permanente. On en revenait bien aux lignes continues, mais en intervertissant les rôles. Peut-on admettre que le noyau de la forteresse, avec ses entrepôts, ses magasins et l'état-major constitue la partie vitale de la place, et que la prise de deux ou trois forts ne soit qu'une affaire secondaire ? Certes non, car après la chute de ces forts, le sort de la forteresse sera décidé ! Les réserves placées derrière l'enceinte ne pourront tenir longtemps. C'est donc la ligne principale, c'est-à-dire celle des forts qu'il faut organiser très solidement, et non pas seulement celle de l'arrière.

Pourquoi a-t-on agi autrement et a-t-on rédigé dans

les cinquante dernières années des projets de forteresses avec des forts détachés dont les intervalles ne comprenaient souvent qu'un ou deux ouvrages intermédiaires? Il ne faut en chercher la raison que dans la situation économique des États. Ces errements avaient été suivis à Port-Arthur, bien que, dès 1890, les lieutenants-colonels Velitchko et Proussak aient préconisé une défense des intervalles organisée dès le temps de paix par la construction de retranchements reliant les forts entre eux avec des casernes bétonnées pour y loger la garnison. Des discussions s'étaient même élevées à ce sujet entre les ingénieurs, et on en trouve des traces dans *Ingenerny Journal*. Mais, dans les hautes sphères du commandement du génie, elles n'avaient pas eu d'écho et n'avaient pas attiré autrement l'attention.

Pour élucider cette question si controversée, il est intéressant d'étudier avec quelques détails certains combats livrés sous Port-Arthur. Les assauts du 22 août et de la nuit du 23 au 24 août sont particulièrement édifiants à ce sujet.

Ainsi qu'on le sait déjà, les gorges de Kikouan-nord et d'Ehrlong étaient réunies par le mur chinois, en avant duquel et à des distances variant de 210 à 280 m, se trouvaient quatre ouvrages complètement indépendants les uns des autres. Dans l'assaut du 22 août, les deux ouvrages du milieu (redoutes Panlong) passaient aux mains de l'ennemi, par suite : de l'état très imparfait de la fortification, de leur position en avant de la ligne principale et du manque de soutien des forts voisins. Ceux-ci permirent au contraire aux caponnières découvertes 2 et 3 (Hatchimaki et P) de résister beaucoup plus longtemps.

A la suite de ce premier succès, les Japonais voulurent s'avancer plus profondément dans l'intervalle en cherchant : à s'emparer de Wangtaï-haut, à attaquer les forts et les batteries par l'arrière et enfin à pénétrer dans l'enceinte centrale. Cependant, faute de munitions, l'artillerie ennemie tira très peu dans la journée du 23. Les mouvements de l'infanterie se bornèrent à une reconnaissance exécutée par les débris du 7ᵉ régiment qui se dirigèrent de Panlong-est vers Wangtaï, mais en s'avançant avec beaucoup de précautions et en profitant de tous les accidents du terrain ainsi que des excavations produites par les obus. Ce répit permit aux Russes de grouper leurs réserves vis-à-vis du point d'attaque choisi par Nogi et même de préparer une contre-attaque conseillée par Kondratenko pour essayer de reprendre les redoutes Panlong, d'arrêter l'élan des Japonais et les forcer ainsi à entreprendre une attaque progressive de la position.

L'assaut de la nuit du 23 au 24 août et l'insuccès de cette contre-attaque ont été décrits par David James. Le lieutenant-colonel von Schwarz en cite quelques passages dont nous extrayons ce qui suit et qui donne quelques indications sur l'emploi des projecteurs :

« L'assaut devait se faire dans la nuit en trois colonnes : l'une dirigée sur l'ouvrage P, l'autre sur Ehrlong et la troisième sur Wangtaï. L'un des nôtres et moi-même, après avoir décidé de nous réunir aux chaînes d'avant-garde, profitâmes de l'obscurité pour nous dissimuler. Il était un peu plus de 11 heures, et à peine avions-nous réussi à atteindre le terrain à proximité de Kikouan-nord que de Wangtaï nous parvint le crépitement de la fusillade. Pas moins de sept projecteurs brillaient sur les ouvrages de la défense et les faisceaux de trois d'entre eux étaient dirigés sur les redoutes Panlong. La fusillade augmentait d'intensité et les projecteurs fouillaient le terrain où se trouvaient à l'état d'attente les troupes de la 9ᵉ et de la 11ᵉ division. Quelques minutes après, des gerbes de feu couraient de haut en bas des pentes de Panlong et le bruit des coups des carabines russes dirigés vers le bas des pentes de Wangtaï se distinguait nettement de l'autre fusillade. Pendant quelques instants, le tir des Japonais cessait. Soutenus par les mitrailleuses et l'artillerie de l'ouvrage P et par les feux provenant du mur chinois, les Russes continuaient d'avancer en chassant de Panlong-est les débris du 7ᵉ régiment. Les Japonais étaient d'ailleurs fortement gênés par les projectiles éclatant au-dessus d'eux et par les feux des projecteurs qui les aveuglaient, mais ils furent énergiquement secourus par le tir de la réserve principale qui se tenait précisément derrière les redoutes Panlong en vue de l'assaut. Pendant ce temps, les troupes de contre-attaque russe se divisaient en deux colonnes, l'une contournant Panlong-ouest et l'autre Panlong-est. D'après le plan de Kondratenko, elles devaient se réunir en avant de ces deux ouvrages en capturant les ennemis qui devaient les occuper. Mais elles se heurtèrent à des forces importantes, subirent un feu meurtrier et durent se retirer finalement derrière le mur chinois sans avoir accompli leur mission.

« Cependant, les salves se succédaient et les sept projecteurs continuaient à briller. Un feu endiablé remplit l'espace lorsque les Japonais revinrent à l'assaut en se ruant sur le bas des pentes de Wangtaï et en repoussant les Russes. La 10ᵉ brigade attaqua la lunette Kouropatkine, mais elle avait à peine eu le temps de dessiner son mouvement qu'elle était découverte grâce aux fusées et à deux projecteurs; elle était reçue par un feu effrayant de Kikouan-est, de la batterie plus à l'ouest, de la lunette Kouropatkine elle-même, et finalement repoussée. »

Cette partie de la description de l'auteur anglais est complétée par le lieutenant-colonel von Schwarz, comme il suit :

« Vers 10 heures du soir, le 23 août, les Japonais commençaient l'assaut de tout le front nord-est depuis Ehrlong jusqu'à Kikouan-est. L'attaque principale était dirigée sur la portion du mur chinois comprise entre les caponnières découvertes 2 et 3 (P et Hatchimaki). Partout ailleurs ce n'était qu'une démonstration faite pour attirer une partie des troupes de l'assiégé. Après avoir rassemblé des forces importantes dans les redoutes Panlong, les Japonais se jetaient immédiatement sur le mur chinois. On les avait découverts : les batteries de campagne à tir rapide et Ehrlong ouvraient sur eux un feu très meurtrier. Toutefois, en raison de la faible distance qui séparait les ouvrages du but à atteindre, l'ennemi réussissait à le dépasser et se montrait sur les pentes des batteries Zaredoutnaïa et Wangtaï. Ce franchissement du mur chinois se produisit au point de jonction de l'embranchement dirigé sur Panlong-est, c'est-à-dire à un endroit de faible relief et dont les terres s'étaient éboulées à la suite du bombardement. Nulle part ailleurs l'ennemi ne put l'escalader. A ce moment, deux compagnies venant l'une de la batterie Voltchia, l'autre de Wangtaï, refoulaient les détachements japonais et les détruisaient. A 11^h30 du soir, ce premier assaut avait échoué, mais à 2 heures du matin, il recommençait. Les réserves avaient eu le temps d'arriver sur le mur chinois et ce second assaut échouait comme le premier. »

De ces deux récits on peut déduire d'abord que :

1° Les ouvrages établis au milieu des intervalles et sans lien avec les forts voisins sont pris très facilement ;

2° Si entre les batteries intermédiaires et les ouvrages il n'existe pas de solides retranchements, ces batteries sont aussi enlevées rapidement ;

3° Trois assauts sur le mur chinois ont été repoussés par des forces peu importantes.

On est donc en droit de conclure que la présence de ce mur chinois (simple levée de terre) a évité la chute de la place en août. On pourra objecter, il est vrai, que son franchissement a cependant eu lieu. Oui ! mais seulement à l'endroit où cet obstacle n'avait qu'un relief très faible de 1,3 à 2,5 m, réduit encore par suite de l'éboulement des terres sous l'action des obus. Partout ailleurs, où la crête était de 2,4 à 3,6 m au-dessus du sol et où il était en bon état, on n'a pu l'escalader. Cela prouve tout simplement qu'un retranchement sans fossé ne garantit pas suffisamment l'intervalle contre un assaut énergique. Pour obtenir de bons résultats, il faut absolument exécuter des retranchements avec fossé extérieur, car cet obstacle est le plus difficile à franchir.

Il est bon de remarquer que le mur chinois n'a joué ce rôle important que tout à fait fortuitement. Au commencement du siège, on s'en inquiétait si peu qu'on y prenait de la terre pour la transporter dans des sacs sur les batteries voisines. Son relief s'abaissait donc et finalement il eût été détruit. On n'y avait pratiqué aucun abri, ni aucunes visières. Deux abris blindés pour une compagnie avaient seulement été construits dans le voisinage d'Ehrlong. Aussi, le 17 août, en parcourant le front avec le général Kondratenko, l'auteur lui faisait-il remarquer l'importance du mur. Le général Gorbatovski reçut alors l'ordre de ménager entre Ehrlong et Kikouan-nord des abris pour deux compagnies. Le bombardement du 19 au 22 août empêcha de donner suite à ce desideratum et en réalité, lors des assauts, cet obstacle était en assez mauvais état. Néanmoins, son haut relief, sa bonne adaptation au terrain (absence d'angles morts), son talus intérieur très raide qui abritait bien les tireurs, lui permirent de remplir le rôle important d'empêcher l'ennemi de pénétrer entre les forts, de s'emparer des batteries, d'attaquer les ouvrages par la gorge et enfin de faire une attaque de vive force de l'enceinte centrale.

Il est clair que s'il n'y avait pas eu de mur chinois, les divisions japonaises auraient traversé le front sur 2 km et il aurait alors été impossible de les arrêter, non pas avec deux compagnies, mais avec deux régiments. La place aurait vraisemblablement été prise dans cette même nuit, car :

1° La nouvelle du franchissement du mur chinois et l'apparition des Japonais sur la batterie Zaredoutnaïa se serait rapidement propagée sur tout le front nord-est et eût engendré une panique. Le commandant d'Ehrlong ne s'était-il pas déjà préparé à repousser l'attaque de la gorge de ce fort et à brûler le pont en bois qui permettait d'accéder dans l'ouvrage ?

2° Il n'y avait pas de deuxième ligne de défense et toute sa garnison se composait d'une compagnie de marins ;

3° De la réserve principale (deux bataillons du 14ᵉ régiment et deux bataillons du 13ᵉ régiment) on ne pouvait espérer amener rapidement que les deux bataillons du 14ᵉ régiment, car ceux du 13ᵉ régiment se trouvaient dans la Ville-Neuve, c'est-à-dire à une distance de plus de 5 km ;

4° Sur l'enceinte centrale, il n'y avait pas du tout de garnison. Il n'existait que trois sentinelles (une à chaque porte) et sur les redoutes deux canons de montagne et deux vieux canons de campagne.

L'attaque brusquée du noyau central n'aurait présenté aucun risque pour les assaillants, mais, en réalité, cette opération n'était même pas nécessaire. Si leur assaut du front avait eu le succès qu'ils escomptaient, ils auraient : procédé à la prise des batteries intermédiaires, chassé les défenseurs des ouvrages latéraux, coupé Ehrlong et Kikouan-nord de toute communication avec la place, occupé les batteries de côte nᵒˢ 19, 20 et 22 sans résistance, ainsi que la colline du Dragon et, dans la matinée suivante, ils se seraient emparés des fronts est et nord-est ainsi que de la nouvelle ville chinoise.

Alors ce n'était plus qu'une affaire de quelques jours pour prendre possession de l'enceinte centrale, telle qu'elle avait été conçue et réalisée. Tout autre eût été son rôle si on l'avait organisée comme réduit de la défense et non comme mur protégeant seulement d'un coup de main les magasins et l'état-major.

Le sort d'une place devant se décider sur la ligne principale de défense, celle-ci doit être beaucoup plus forte et beaucoup plus complète que la seconde ligne, *c'est-à-dire que la première ligne doit être complètement*

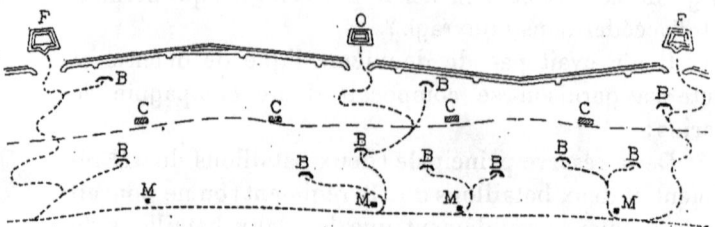

Fig. 1 — Retranchements permanents organisés dans les intervalles entre les forts.

Légende. — F, F, forts ; O, ouvrage intermédiaire ; B, B, batteries ; C, C, casernes bétonnées ; M, magasins à poudre et à munitions.

permanente et la seconde temporaire, et non l'inverse comme cela s'est passé jusqu'ici.

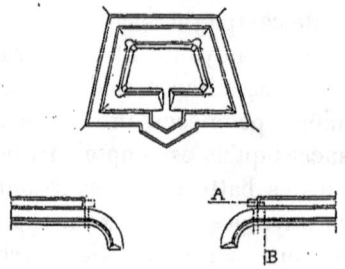

Fig 2. — Plan d'un fort avec l'amorce des retranchements permanents.

En résumé, il faut organiser en fortification permanente les intervalles entre les forts (fig. 1, 2 et 3) et ne

Fig. 3. — Coupe AB du retranchement permanent (1/1000).

construire en temps de paix que des points de soutien pour l'enceinte de la ville. Ces points de soutien qui auront une action sur la première ligne, se distingueront des ouvrages de celle-ci par des dimensions moindres, des voûtes bétonnées moins épaisses, un plus petit nombre d'abris blindés, l'absence de caponnières d'arrière, de galeries de fusillade, etc. A la mobilisation, on élèverait des retranchements dans les intervalles qui auraient été pourvus en temps convenable d'une caserne bétonnée pour une compagnie. La construction de ces tranchées pourrait être exécutée par les habitants qui travailleront ainsi plus volontiers à leur protection immédiate que sur les intervalles de première ligne ou sur les positions avancées. Cette manière de procéder est justifiée, car lorsque les forts seront tombés aux mains de l'ennemi, celui-ci aura épuisé, lui aussi, une bonne partie de ses forces et il attaquera avec moins de vigueur le noyau central.

CASERNES A L'ÉPREUVE
POUR LA GARNISON DES INTERVALLES

La présence d'une ligne continue de fortification permanente entre les forts et ouvrages intermédiaires obligera certainement l'ennemi à une attaque progressive de ces forts ou ouvrages. Toutefois, s'il décide d'exécuter un assaut des intervalles, il le fera précéder d'un fort bombardement qui aura surtout pour objet : de détruire les remparts, les grilles des fossés, les caponnières, les abris blindés et les traverses, enfin tout ce qui tendra à rendre impossible la présence des tireurs sur les parapets.

On a eu un exemple de ce bombardement en novembre et en décembre 1904. Ainsi qu'on l'a déjà dit, le mur chinois était loin de présenter la résistance désirable dans la première moitié du siège, mais après le 23 août, on y concentra une grande quantité de troupes : les 13^e

et 14e régiments en entier ainsi qu'un bataillon du 15e et du 16e régiment. Les troupes occupaient la position, mais comme rien n'était prévu pour les loger, on construisit des abris blindés (¹). Il en fallait naturellement un grand nombre et on dut se borner d'abord aux abris de construction rudimentaire. Sous la banquette de tir on creusait simplement une excavation recouverte soit de planches, soit de feuilles de tôle avec un peu de terre rapportée. On pratiquait en même temps sur la crête de feu des meurtrières et on se protégeait par des traverses en sacs à terre. Ces travaux durèrent quinze jours et ce n'est qu'au milieu de septembre que l'on construisit des abris blindés plus solides pour loger les hommes.

A cet effet, derrière la banquette, on creusait des fosses profondes où l'on édifiait des abris avec montants en bois et ciel en poutres chinoises. Sur ce ciel on mettait 1,05 à 1,5 m de terre. Quelques-uns de ces abris étaient surmontés d'une couche de pierres de 45 à 75 cm d'épaisseur et de feuilles de tôle de 15 mm. Ils résistaient aux obus de 15 cm, mais étaient détruits par les bombes de 28 cm.

Tout ce travail fut exécuté en septembre et dans la première quinzaine d'octobre, c'est-à-dire pendant une période d'accalmie relative, mais aussitôt que les Japonais reprirent leur bombardement journalier, mur et abris subirent de nombreux dégâts qu'il fallut réparer la nuit : d'où l'immobilisation d'un grand nombre de tra-

---

(¹) L'un de ces abris (fig. 4) a été décrit par le lieutenant-colonel Barmine

Fig. 4. — Coupe d'un abri dans le mur chinois (1/50).

et reproduit dans la *Revue du Génie* (1907, t. XXXIII, p. 322).

vailleurs qui commençaient à se raréfier et une consommation de matériel transporté très difficilement. On y parvint cependant, mais dans le mois de novembre, lorsque la garnison était réduite des deux tiers et que le bombardement eut lieu jour et nuit, il devint impossible de réorganiser les abris détruits et les pertes en hommes s'accrurent rapidement. Au milieu de décembre, la fatigue des défenseurs était extrême et l'effort de la garnison avait atteint sa limite.

C'est dans cette période pénible pour la défense qu'on fut bien convaincu à la fois de la nécessité d'avoir non seulement une bonne fortification reliant les forts entre eux, mais encore de solides abris blindés pour loger la garnison. Il y a donc lieu de se préoccuper de la construction de casernes bétonnées dans les intervalles ([1]).

A proximité immédiate de la ligne de feu doivent se trouver des abris pour les détachements de service et leurs officiers, et un peu plus loin des casernes bétonnées pour la relève de la garnison. Les premières seront construites sous des traverses dans le parapet et les secondes à 40 m en arrière, cachées par des accidents de terrain. Mais combien faut-il de ces casernes par intervalle ? D'après le siège de Port-Arthur, on peut trancher comme il suit cette question.

Sur un intervalle de 2 200 m il y avait un régiment à trois bataillons. Pour le service de jour on en désignait un tiers, soit un bataillon de quatre compagnies, mais il n'y avait en réalité sur le parapet que les sentinelles ; ce n'est qu'à la nuit que le bataillon tout entier occupait sa position. Il était alors renforcé par un autre tiers qui se trouvait au repos dans les abris blindés, mais sans se déshabiller. Enfin, le troisième tiers passait la nuit dans

---

[1] Le colonel Velitchko les avait préconisées depuis longtemps dans ses *Recherches sur les nouveaux moyens d'attaque et de défense des places fortes.*

ces abris et se déshabillait. Il formait la réserve et n'était appelé sur le rempart qu'en prévision d'un assaut.

Il résulte de là qu'il faudrait, sur le parapet même du retranchement garnissant l'intervalle, des abris pour quatre compagnies à effectif de guerre ; mais on peut admettre que ces abris bétonnés ne seront construits que pour une demi-compagnie. Sur un intervalle de 2 200 m, il y aurait donc quatre casernes, chacune pour une demi-compagnie, espacées de 350 à 450 m.

Comme l'un des deux tiers de la garnison est toujours au travail, il n'est nécessaire d'avoir des casernes bétonnées que pour le tiers restant, c'est-à-dire pour quatre compagnies. On construira alors en arrière deux casernes bétonnées chacune pour une compagnie, étant entendu qu'elles pourront être occupées en réalité par deux compagnies.

C'est donc un total de six casernes bétonnées par intervalles : quatre pour une demi-compagnie et deux pour une compagnie, sans compter parfois les casernes affectées à la réserve du secteur. Dans les terrains très découpés comme celui des environs de Port-Arthur, on pourra toujours trouver des vallées défilées pour abriter cette réserve sous des constructions non à l'épreuve. Il est d'ailleurs difficile de prévoir à l'avance où se trouvera cette réserve et ce n'est que dans le courant du siège qu'on sera fixé à ce sujet : on la logera alors à l'abri des vues et autant que possible des coups.

Il est bien entendu que tous les intervalles ne devront pas avoir toujours autant de casernes bétonnées. Seuls les secteurs d'attaque probable seront dans ce cas. Certains intervalles même en seront complètement dépourvus s'il est reconnu qu'il est impossible à l'ennemi de chercher à s'en emparer.

Dans un autre ordre d'idées, l'édification des retranchements entre les forts et la construction de casernes bétonnées sont parfois nécessitées par la nature même du sol. On conçoit en effet que dans les terrains marécageux où l'on trouve l'eau à une profondeur de 20 cm par exemple, il serait complètement impossible de creuser des retranchements et des abris bétonnés à la mobilisation. Il en est de même lorsque les places se trouvent à l'extrême frontière, où la période de mobilisation sera extrêmement réduite.

SUR LA DISSIMULATION DES POSITIONS DE COMBAT

Un des principaux éléments de succès de l'attaque d'une place forte réside dans la possibilité d'observer : la chute et l'action des projectiles, les mouvements des troupes et des équipages de la défense, l'emplacement des canons, la construction des travaux de l'assiégé, en un mot la vie de la place. Celle-ci doit s'efforcer au contraire de se dissimuler aux regards de l'ennemi.

A ce point de vue, Port-Arthur avait des qualités et des défauts, mais il faut avouer que les premières tenaient surtout au terrain. Les défauts résultaient de ce que tous les forts, ouvrages intermédiaires, retranchements et une grande partie des batteries et même les réseaux étaient vus de loin, et cela parce qu'on n'avait pris aucune mesure pour les dissimuler. Même de la montagne du Loup, à 5 km des forts, ceux-ci étaient vus comme sur la paume de la main. Tous les ouvrages étaient disposés sur les crêtes des montagnes, sur les pentes vertes desquelles les glacis et les parapets formaient de vastes plaques jaunes qui permettaient de régler parfaitement le tir.

Les qualités de la forteresse consistaient en ce que, immédiatement derrière la ligne des forts existait la colline du Dragon, cachant à l'ennemi tout l'espace compris entre les forts et la ville et dissimulant ainsi tous les mouvements des Russes. Aussi les Japonais cherchèrent-ils par tous les moyens à s'emparer dans le voisinage des forts de points commandant cette colline du Dragon. Ce fut une des causes de leur énergique attaque de Takouchan déjà signalée précédemment. Lorsqu'ils eurent atteint ce but, ils purent observer certaines portions des forts et de l'étendue de terrain entre ceux-ci et la ville. Les vaisseaux de l'escadre durent changer de place sur l'heure et le terrain vu devint impraticable. Par bonheur, il restait encore quelques endroits et chemins non découverts de Takouchan et on put encore loger des réserves dans de simples abris et circuler parfois sans crainte des coups.

Constatant que de l'extrémité nord de Takouchan, ils ne pouvaient observer suffisamment à leur gré, les Japonais établirent un deuxième observatoire sur Panlongchan. De là on découvrait très bien les chemins de la nouvelle ville chinoise et quand sur un chemin se montrait ne fût-ce qu'un homme, il était aussitôt signalé par téléphone à la batterie la plus proche qui le couvrait de projectiles de canons de 47 mm. Le jour on dut rapidement abandonner cette voie et la remplacer par un chemin de communication en zigzag. On s'en servait encore pour transporter les matériaux, les munitions, l'eau et la nourriture des hommes, mais seulement la nuit. Comme on l'a déjà dit, ce fut encore pis quand Vysokaia tomba aux mains des Japonais, car alors tout ce qui circulait dans le voisinage de la nouvelle ville avait une situation très difficile.

Tout ce qui précède démontre l'importance pour la défense d'avoir des chemins soustraits aux vues de l'ennemi. S'ils ne le sont pas dès le temps de paix, il est bien difficile d'en ouvrir à la mobilisation. On ne peut alors y suppléer que par des chemins de communication en zigzag qui exigent des travaux considérables pour lesquels on n'a pas souvent le personnel nécessaire.

Il est donc prudent de se préoccuper, lorsqu'on organise une forteresse, de donner aux assiégés toute leur liberté de mouvement sans être vus de l'adversaire. *Le moyen unique de réaliser ce desideratum consiste à dissimuler la ligne principale de combat et tout l'intérieur de la forteresse par des plantations d'arbres.*

En terrain accidenté, il suffira le plus généralement pour dissimuler la position de combat, d'une rangée unique d'arbres, mais en pays de plaine il en faudra plusieurs. L'une d'elles devra se trouver sur le glacis des retranchements ou des forts, les autres derrière le parapet. Leur nombre, ainsi que leur distance transversale, se déterminera par la condition de défiler la fortification des points dangereux. La première ligne de plantation doit régner sans interruption sur tout le périmètre de la forteresse. On ne doit pas suivre l'exemple de certaines places fortes où les glacis des ouvrages sont seuls garnis d'arbres, tandis que les intervalles en sont complètement dépourvus. N'est-ce pas là en effet le meilleur moyen de signaler à l'ennemi l'emplacement des forts ? Au contraire, une ligne continue cache la fortification et ne permet pas de deviner la situation des points de soutien.

La rangée d'arbres qui entourera la position principale ne suffira pas souvent à masquer aux vues l'intérieur de la place, aussi sera-t-il nécessaire d'effectuer d'autres plantations. Ce ne seront pas des lignes parallèles et continues, mais des rideaux placés en des points judicieusement choisis pour ne pas empêcher la deuxième ligne de défense d'apporter son aide à la ligne principale.

Toutes ces plantations ne seront jamais constituées par des arbustes qui, par leur rapprochement, pourraient gêner le tir et abriter les assaillants, mais par des arbres de 7,5 à 15 cm de diamètre, disposés en quinconces et dont les branches inférieures seront convenablement élaguées. On aura alors un bon champ de tir et un bon masque.

Dans les terrains très découpés, rocailleux, il n'est pas nécessaire de faire des plantations. On peut dissimuler les ouvrages par des revêtements en gazons, et en l'absence de ceux-ci en peignant les remblais dans le ton du sol environnant (¹). Ce dernier procédé a été appliqué à Port-Arthur et a donné de bons résultats (²).

(¹) Ce système présente comme avantages : rapidité des travaux, exige peu de travailleurs, bon marché, s'adapte à tous les sols, la peinture ne se délaie pas par la pluie et n'est pas emportée par le vent.
(²) Voir *Revue du Génie*, 1906, t. XXXII, p. 490.

CHAPITRE VI

AU SUJET DES BATTERIES PERMANENTES ET TEMPORAIRES

Jusque dans ces derniers temps, les canons de forteresse étaient abrités derrière de hauts parapets et leurs volées étaient visibles de loin. Bien plus, les batteries elles-mêmes se trouvaient au sommet des collines ou sur les pentes tournées vers l'ennemi. Ce dernier en repérait donc très facilement l'emplacement et le réglage de son tir ne présentait aucune difficulté. Presque toutes les batteries permanentes ou temporaires construites dans les intervalles entre les forts à Port-Arthur étaient dans ce cas.

C'est ainsi que les batteries permanentes A, Kikouanest, du Sapeur, de la colline Dentelée et D, dont l'armement a déjà été donné précédemment, étaient construites sur les sommets des montagnes et parfaitement visibles jusqu'à une distance de 5 300 m. Il en était de même des batteries Zaliternaia, Wangtaï-bas, Wangtaï-haut et Zaredoutnaia, édifiées à la mobilisation. Cependant, cette dernière, enfoncée dans le sol de la pente tournée vers l'ennemi, était un peu mieux dissimulée que les autres.

En regard de cette mauvaise disposition générale, les Japonais avaient établi toutes les batteries de l'attaque d'après les nouvelles idées [1] en cours, c'est-à-dire qu'elles se trouvaient sur les pentes en retour et tiraient sur but invisible. Grâce à leurs observatoires, ils avaient ainsi l'énorme avantage de régler leur tir sur des objets

---

[1] Ces idées étaient nouvelles pour l'artillerie russe, quoiqu'elles fussent connues depuis dix ans dans beaucoup d'autres pays et même dans certaines forteresses russes, comme, par exemple, à Novo-Georgievsk.

bien déterminés, tandis que les Russes ne savaient où répondre. Il en résulta que, dès les premiers jours du bombardement, il y avait au moins dans chaque batterie de la place soit un affût détruit, soit un canon hors de service [1].

Toutefois, la nuit, grâce à la lueur des coups, les assiégés parvenaient à déterminer approximativement l'emplacement des batteries d'obusiers et à les endommager un peu le jour suivant; mais, quant aux autres batteries, il fallut au moins quinze jours pour en connaître la position [2]. Ce n'est donc qu'à partir de ce moment que la lutte entre les deux artilleries adverses devint à peu près égale, lorsque déjà les Russes avaient perdu beaucoup de pièces [3].

La leçon était dure, mais elle ne fut pas vaine! Aussi, quand la direction de l'attaque se fut dessinée et qu'on se décida à renforcer l'artillerie du front attaqué en prenant dix canons de 7,5 cm, deux de 12 cm et quelques canons de 47 mm sur les vaisseaux, puis deux canons de 15 cm (1 920 kg) à la réserve, les établit-on sur la montagne Marine (rocheuse) et sur Okojnaia, en les cachant complètement aux yeux de l'ennemi. Les pièces marines furent mises en position sur la pente en retour de la montagne Marine et celles de 15 cm sur les pentes d'Okojnaia. Elles résistèrent jusqu'à la fin du siège.

Actuellement, la question concernant les batteries intermédiaires est tellement claire que personne ne songe plus à les établir autrement que cachées et tirant sur but invisible. Mais alors, y a-t-il lieu d'en construire de bétonnées?

De l'action de l'artillerie japonaise sur les batteries russes, aussi bien permanentes (bétonnées) que tempo-

---

[1] Le message téléphoné n° 2 (p. 48) est typique à ce sujet.
[2] Ce fait est rapporté par David James dans *Le Siège de Port-Arthur*.
[3] Deux à Ehrlong, une à Zaredoutnaia, deux à Wangtaï-haut, une à Wangtaï-bas, une à Kikouan-est. A Zaliternaia, le magasin à poudre avait sauté.

raires (c'est-à-dire en terre avec abris blindés ordinaires), on peut conclure que :

1° Contre les bombes de 15 cm, les batteries temporaires et leurs abris sont suffisamment solides, tout en souffrant plus que les batteries bétonnées ;

2° Contre les bombes de 20 cm, on peut également édifier des abris assez résistants ;

3° Contre celles de 28 cm, les deux types de batteries souffrent presque autant, mais la réparation des traverses bétonnées est beaucoup plus difficile que celle des abris ordinaires.

En donnant aux voûtes bétonnées une épaisseur suffisante, on arriverait à leur permettre de résister aux bombes de 28 cm, ce qui serait impossible avec les abris des batteries temporaires, mais on serait alors amené à enfoncer considérablement les traverses, ce qui augmenterait beaucoup le prix de la construction.

Ne vaut-il pas mieux par suite remplacer les batteries bétonnées par des batteries temporaires dont le nombre pourra ainsi être accru dans de grandes proportions pour une dépense équivalente ? On en laisserait une partie sans être armée, ce qui permettrait, lorsque l'ennemi aurait réglé son tir sur une batterie, d'en enlever les canons pour les transporter sur une batterie voisine non occupée.

Toutefois, avant de terminer cette question, il est indispensable d'en débattre une autre avec laquelle elle est intimement liée. Un certain nombre d'officiers d'artillerie et du génie qui n'ont pas pris part à la guerre insistent sur la nécessité d'avoir dans une forteresse des batteries installées à découvert pour la lutte éloignée et la démolition des travaux de sape de l'adversaire. Quelques-uns d'entre eux en effet ne peuvent se faire à l'idée d'un tir rapide sur but mobile à l'aide du goniomètre. Le lieutenant-colonel von Schwarz n'est nullement de cet avis et estime que, installer des canons à découvert, même dans une batterie bétonnée, c'est les vouer à une destruction complète au bout de très peu de temps. Alors, qu'on le veuille ou non, il faut arriver à utiliser le goniomètre et les batteries enterrées.

A Port-Arthur, le tir à longue portée était d'abord effectué par les batteries : Zaliternaia (2 canons Krupp de 15 cm); Wangtaï-haut (2 canons Canet de 15 cm); de Songchouchan (2 canons Canet de 15 cm). Toutes ces pièces étaient à découvert et sur les sommets des montagnes. En août et septembre, elles étaient hors de service et leur rôle fut dévolu aux canons des cuirassés tirant du port, aux canons de 12 cm de la montagne Marine tirant au goniomètre et à un canon de 15 cm établi près de la batterie Kourgane. Les cuirassés effectuaient leur tir à 11 ou 12 km et les autres canons à 7 ou 8 km. Les observatoires étaient à Wangtaï-haut et sur la Grande Montagne. Le tir des canons de 12 et 15 cm, guidé par l'observatoire de Wangtaï-haut, fut excellent et on n'éprouva pas le besoin d'avoir d'autres canons à longue portée jusqu'à la fin du siège.

Aux grandes distances, le tir contre les travaux de sape peut aussi se faire avec succès au moyen du goniomètre. Mais, pour les distances plus rapprochées, il faut en général faire usage de mortiers établis dans des batteries à couvert.

Contre les troupes d'assaut, où il faut exécuter un tir très rapide, il est désirable pour le pointeur de voir le but. Les batteries peuvent être construites immédiatement derrière la crête, mais alors les canons ne doivent y être amenés qu'au moment opportun.

Finalement, toutes les batteries doivent être invisibles, et on se demande comme précédemment s'il n'est pas superflu d'en construire de bétonnées ? Si un siège aussi prolongé que celui de Port-Arthur a démontré la possibilité de conserver des batteries temporaires cachées, sans qu'elles reçoivent des dommages essentiels, n'est-ce pas la meilleure preuve que l'on puisse se passer de béton pour les parapets et les traverses, en conservant cependant dans chaque batterie une caserne à l'épreuve pour les servants ? Ce desideratum se justifie aisément, car si les parapets et les traverses en terre sont détruits par les obus, on les répare assez facilement, tandis qu'une bombe de 28 cm tombant dans un abri blindé ordinaire peut mettre hors de service un grand nombre d'artilleurs(¹). Des casernes à l'épreuve permettraient aux servants de se soustraire aux effets du bombardement et ils y seraient plus à l'aise et plus en sûreté que sous les abris des traverses. On pourrait également y ménager un logement pour les officiers, des cuisines, des magasins et des water-closets. Le meilleur emplacement pour une caserne paraît être sous le parapet. Des ouvertures, vis-à-vis desquelles on élèverait des traverses à la mobilisation, permettraient aux servants de déboucher directement près des canons.

Quel est le nombre des batteries intermédiaires et combien d'entre elles doivent être pourvues de casernes bétonnées ? Cela dépend des canons que l'assiégeant est susceptible d'amener devant la forteresse et du temps qui s'écoulera entre la déclaration des hostilités et l'installation de ses batteries. L'artillerie de l'assiégé doit être deux fois et demie plus nombreuse que celle de l'adversaire. Le laps de temps que celui-ci mettra à installer ses pièces est la période fixée pour la construction des batteries de mobilisation de la place.

Ces deux facteurs ont donc une grande influence à la fois sur le nombre des batteries et sur celles qui, à construire dès le temps de paix, seront ou non munies de casernes bétonnées. Pour ces dernières, la nature du terrain intervient également et il est bien difficile d'indiquer une

---

(¹) On cite trois cas dans lesquels des bombes tombant sur des abris blindés ont mis hors de combat : 1 commandant et 4 servants ; 5 servants ; 1 commandant et 18 servants.

solution générale. Ce sont des cas d'espèce pour chaque forteresse et même pour chaque intervalle.

En supposant que l'on ait déterminé le nombre et la nature des batteries, comment les disposera-t-on dans la ligne générale de défense et comment les préservera-t-on contre les troupes d'assaut? Sur cette question, le siège de Port-Arthur permet de répondre d'une façon très précise. En jetant les yeux sur la planche I et en particulier sur les intervalles entre les forts I, Kikouan-nord et Ehrlong, on constate que souvent les batteries (dont quelques-unes bétonnées) se trouvaient sur la ligne des ouvrages et même quelquefois un peu en avant, mais que d'autres étaient tout à fait en arrière. Parmi ces batteries, il y en avait de construites en grande partie dans la période de mobilisation et d'autres dans le courant du siège. Les premières étaient : 1° sur les redoutes Panlong; 2° sur la caponnière 2 (P); 3° sur la lunette Kouropatkine; 4° Kikouan-est; 5° la batterie A; 6° sur Ehrlong; 7° sur le fort I. Quatre d'entre elles étaient permanentes et les autres temporaires.

Au premier assaut, les batteries des redoutes Panlong furent prises en même temps que leurs canons; P fut enlevé en octobre et, parmi les autres, la lunette Kouropatkine et Kikouan-est furent souvent attaquées de vive force, passèrent dans les mains de l'ennemi, puis furent reprises.

Toutes ces batteries, sauf toutefois Kikouan-est qui était protégée par deux rangs de retranchements, n'avaient au-devant d'elles qu'un parapet et un réseau de fils de fer.

Il en résulte que la disposition adoptée était défectueuse. Il vaut beaucoup mieux placer les batteries intermédiaires loin en arrière des ouvrages de la ligne principale de défense. Pour les atteindre, l'ennemi est ainsi obligé de traverser les intervalles entre les forts. En particulier, celles qui sont désignées pour la lutte d'artillerie constituant les organes principaux de l'assiégé, on ne saurait prendre trop de précautions contre leur prise de vive force. Cette nécessité de protéger ainsi les batteries avait déjà été reconnue aussi bien en Russie qu'à l'étranger [1]. On proposait de construire des fossés extérieurs avec flanquement, des obstacles artificiels, des casernes de gorge et d'y installer des mitrailleuses avec une garnison d'infanterie. On transformait ainsi la batterie en un ouvrage complet. Pour comble d'originalité, ce qui devenait en réalité un fort s'appelait encore une batterie ! Pour la garder, il fallait une garnison d'infanterie qu'on prenait finalement dans la réserve en affaiblissant cette dernière. Mais est-il raisonnable de laisser ainsi une troupe dans l'inaction jusqu'au moment de l'assaut ? En outre, si on constitue une ligne de défense avec des ouvrages détachés sans liaison entre eux : forts, ouvrages et batteries intermédiaires, en les mettant seulement à l'abri d'un coup de main de petits détachements, ce qui leur permet de résister jusqu'à l'arrivée des réserves, croit-on que l'ennemi aura la naïveté de procéder à l'assaut avec des troupes peu nombreuses ? Ce n'est pas un bataillon, ni un régiment, ni même une brigade que l'adversaire lancera sur l'intervalle attaqué, mais au moins une division qui pénétrera malgré tout. Et alors cette forme de procéder ne ressemble-t-elle pas à celle qui consisterait à laisser pénétrer un voleur dans la maison et à s'en garantir en s'enfermant dans un placard ! Ne vaut-il pas mieux fermer la porte à clef après avoir mis le voleur dehors ?

Il ne faut pas faire une dépense improductive en convertissant des batteries en ouvrages, mais utiliser l'argent qui y serait consacré à construire des retranchements entre les forts. Les batteries, qui seront placées en arrière, seront ainsi suffisamment protégées contre des incursions

---

[1] Il y eut entre autres des projets du général Velitchko, du lieutenant-colonel Bouinitska, du capitaine Iliachev, du lieutenant-colonel français Sandier.

de l'ennemi et il ne sera pas nécessaire de les doter d'une garnison d'infanterie. On en trouve un exemple à Port-Arthur dans les batteries temporaires : Kourgane, Zaredoutnaia, Okojnaia, Voltchia, Wangtaï-haut, Wangtaï-bas, Zaliternaia, Otrojnaia, de la montagne Marine, de la colline du Dragon et autres qui tinrent pendant toute la durée du siège, quoique simplement garanties par le mur chinois. Il est vrai que dans la nuit du 23 au 24 août, les Japonais parvinrent jusqu'au parapet de Zaredoutnaia, mais ceci tient, comme on l'a déjà dit, au faible profil et au mauvais état du mur chinois à l'endroit où il fut franchi et c'est ce qui justifie une fois de plus la nécessité d'un excellent retranchement permanent entre les forts.

Quel est le nombre des canons à installer dans chaque batterie ? Un grand nombre d'officiers d'artillerie qui ont pris part au siège sont d'avis d'en mettre quatre. Leur opinion est basée sur ce fait que le commandement et la concentration du feu sont plus faciles qu'avec un nombre moindre de pièces réparties en plusieurs emplacements. Il est probable que cet avis provient de la difficulté qu'on éprouvait à Port-Arthur pour transmettre les ordres, car il y avait pénurie de téléphones, d'héliographes, etc. Le lieutenant-colonel von Schwarz pense que le chiffre de quatre canons est trop fort et qu'on peut le ramener à deux; car, d'une part, en réduisant de moitié le nombre des pièces, on diminue également presque de moitié les dimensions de la batterie, ce qui restreint sa vulnérabilité et, d'autre part, on peut augmenter le nombre de celles-ci, ce qui obligera l'ennemi à disperser son feu. La facilité de commandement n'en souffrira nullement si l'on a un bon réseau téléphonique; d'ailleurs lorsqu'on exécutera du tir indirect, le commandant ne se tiendra pas dans la batterie, mais sur l'observatoire où il lui sera alors presque indifférent de transmettre ses ordres à une ou deux batteries.

Les Japonais groupaient leurs canons par quatre, deux, ou les laissaient quelquefois isolés, mais ils excellaient étonnamment à amener leurs coups sur un même but, grâce à un commandement unique et à un très bon réseau téléphonique.

En résumé, il paraît donc désirable d'avoir des batteries de deux canons, sauf lorsqu'on veut faire des feux de salve et alors on peut en mettre quatre. Ces batteries de quatre canons pourraient être bétonnées et on assemblerait autour d'elles un certain nombre de batteries temporaires pour deux canons.

Le nombre des batteries serait ainsi notamment augmenté et il en résulterait peut-être une gêne, si on voulait les disposer toutes en bande étroite parallèle à la

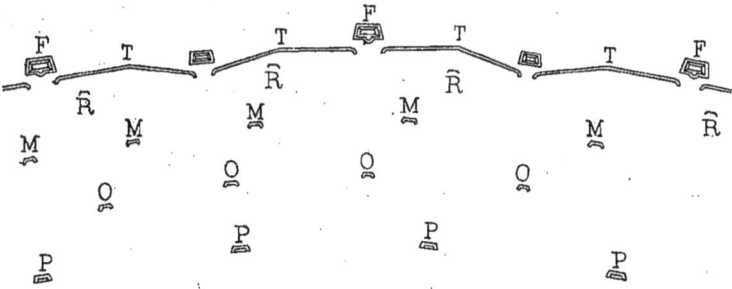

Fig. 5. — Schéma donnant la position des batteries.

F, F, forts; T, T, retranchements permanents; R, R, batteries de reconnaissance; M, M, mortiers; O, O, obusiers; P, P, canons à longue portée.

ligne des forts comme le préconise le capitaine du génie autrichien Malcewski von Tarnava, mais il vaudrait mieux les placer en profondeur entre la ligne principale de défense et le noyau central. On pourrait donc adopter l'ordre ci-après : dans le voisinage de la ligne des forts les batteries dites de reconnaissance, puis les mortiers, ensuite les batteries d'obusiers et enfin les canons à longue portée (fig. 5). Elles seraient groupées par quatre ou cinq sous les ordres d'un même commandant abrité dans un observatoire. En ce qui concerne les batteries contre les troupes d'assaut, il faudrait les concentrer sur les points les plus élevés des intervalles d'où elles auraient de bonnes vues sur les terrains en avant des retranchements et des ouvrages. Les servants n'amèneraient les canons derrière le parapet qu'au moment de l'assaut.

LES MAGASINS A POUDRE ET A MUNITIONS

Le plus généralement, d'après les tendances actuelles, les magasins à poudre et à munitions sont disposés comme il suit :

a) Sur les batteries mêmes ou dans leur voisinage immédiat : les magasins de batterie (ou de dépense) avec un approvisionnement pour une journée de tir;

b) En arrière et à une distance d'environ 1 km, les magasins intermédiaires approvisionnés pour trois jours;

c) Plus en arrière encore, des magasins de secteur approvisionnés pour quatre jours;

d) Les magasins centraux renfermant le reste de l'approvisionnement.

Si chacun des échelons devait fournir à celui qui le précède immédiatement la poudre et les munitions épuisées, on constate qu'une gargousse ou un projectile devrait être chargé ou déchargé quatre fois pour passer du magasin central dans la volée d'un canon : d'où perte de temps et mauvaise utilisation du personnel et des moyens de transport qui pourraient finalement faire défaut.

D'autre part, l'approvisionnement d'une journée dans le magasin de batterie est tout à fait insuffisant, car l'ennemi non seulement empêchera souvent le réapprovisionnement qui pourrait être tenté la nuit, mais encore continuera son tir pendant deux, trois et même quatre journées consécutives([1]). Une partie des pièces tireront

---

([1]) Exemples : bombardement presque général du 19 au 22 août; bombardement de Vysokaia du 19 au 23 septembre et du 28 novembre au 5 décembre.

sur les ouvrages et batteries tandis que les autres arroseront de leurs projectiles la zone immédiatement en arrière. Il deviendra impossible de faire circuler les wagonnets sur les lignes à voie étroite qui seront plus ou moins endommagées, de sorte que le transport entre les magasins intermédiaires et les magasins de batterie sera impraticable. Il ne restera par suite aux batteries que deux éventualités : ou bien tirer rarement et ne consommer ainsi les munitions qu'en deux ou trois jours, ou bien tirer normalement dans la journée et cesser ensuite le feu. L'une et l'autre solution seront également favorables à l'attaque qui atteindra rapidement son but : éteindre le feu de l'adversaire.

Pour éviter ces résultats fâcheux, on peut :

1° Augmenter l'approvisionnement des magasins de batterie et passer d'une journée à trois ;

2° Rapprocher les magasins intermédiaires des batteries de façon à réduire la durée des transports et à profiter des accalmies du tir de l'ennemi pour amener les munitions sur des charrettes ou des wagonnets ;

3° Réunir dans les magasins intermédiaires des approvisionnements pour cinq jours.

De cette manière, les deux lignes les plus voisines des batteries auront un approvisionnement total de huit jours, c'est-à-dire un nombre de projectiles supérieur à celui que pourra amener lui-même l'ennemi [1].

Il résulte de là que les magasins de secteur deviennent inutiles, car il paraît indifférent d'apporter les munitions du magasin central soit dans un magasin de secteur, soit dans les magasins intermédiaires. On évitera ainsi des chargements et des déchargements superflus et on réali-

---

[1] Malgré des circonstances particulièrement favorables, c'est-à-dire l'utilisation d'une voie ferrée et de deux chemins vers Dalny avec des ravitaillements par mer, les Japonais ne purent pas rassembler les munitions pour plus de six jours en novembre et décembre. En août, ils n'avaient réuni qu'un approvisionnement de trois jours, ce qui explique l'insuccès de leur attaque.

sera à la fois une économie de temps, de personnel et de transport.

La disposition la plus normale des magasins serait donc la suivante :

1° Dans chacune ou près des batteries intermédiaires permanentes ou temporaires, un magasin de batterie pour trois jours ;

2° De 200 à 300 m en arrière de ces batteries, des magasins intermédiaires pour des groupes de trois à cinq batteries avec approvisionnement pour cinq jours ;

3° Dans l'enceinte centrale, une réserve générale avec laboratoire pour le chargement des projectiles.

Il va de soi que s'il existe une deuxième ligne en arrière de la première, ses batteries seront également pourvues d'un magasin de batterie pour trois jours, que ceux-ci seront alors réapprovisionnés directement du magasin central.

Cette solution, qui supprime, en somme, les magasins de secteur, présente en outre l'avantage de n'avoir plus aucun magasin entre la ligne des batteries et le noyau central. De sorte qu'en cas de pénétration de l'ennemi dans une partie de cette zone on ne court plus le risque de voir les magasins de secteur enlevés et leur réserve de quatre jours perdue pour la défense.

CHEMINS DE COMMUNICATION

Les chemins de communication qui relient les ouvrages détachés et les batteries de la ligne principale de défense entre eux et avec le centre de la place ont, comme on le sait, pour objet : de hâter la mise en état de défense dans la période de mobilisation, de permettre le mouvement des troupes, le transport des munitions et le changement des pièces d'un secteur dans un autre, et enfin l'apport des matériaux pour la réparation des forts et des batteries pendant la durée du siège. Le général Velitchko, dans son ouvrage *Forteresses et chemins de fer de forteresse*, a démontré qu'une place moderne ne pouvait se défendre avec succès qu'autant qu'elle serait pourvue d'un réseau complet de chemins de fer et il en a défini très clairement tous les éléments. Il a calculé que l'armement et l'approvisionnement de l'artillerie sur la ligne de combat exigeraient au moins le transport de 32 000 t. Cette charge colossale ne peut être rapidement amenée à pied d'œuvre que par l'emploi de locomotives à vapeur remorquant des trains sur voie ferrée, sinon elle exigerait un nombre de chevaux considérable.

Ce qui s'est passé à Port-Arthur a confirmé pleinement les prévisions précédentes, mais il faut bien considérer que l'armement des batteries et l'approvisionnement en projectiles et en munitions ne sont pas seuls à envisager. Il faut organiser en même temps les intervalles entre les ouvrages et autres positions d'infanterie qui devront se trouver prêts pour l'action en même temps que s'engagera la lutte d'artillerie. Selon toute vraisemblance, l'ennemi tentera en effet une attaque de vive force sur un ou plusieurs intervalles.

Il faudra donc amener une grande quantité de matériaux pour la construction des retranchements entre les forts, dans le cas où ceux-ci n'auront pas été organisés dès le temps de paix. Même si cela a été fait, ainsi que le lieutenant-colonel von Schwarz le préconise, il n'en faudra pas moins encore exécuter de nombreux travaux, tels que :

1° Des observatoires : deux ou trois pour le commandant de la forteresse, pour le directeur de l'artillerie et pour les observateurs ;

2° Des abris blindés, des traverses, des meurtrières et des visières ;

3° Des défenses accessoires : réseaux, abatis, fougasses ;

4° Des réseaux téléphoniques complémentaires pour l'artillerie ;

5° La mise en état de défense des forts et ouvrages ;

6° Des batteries temporaires et des magasins ;

7° Le dégagement du terrain en avant des ouvrages et des retranchements.

Et cela dans la période de la mobilisation, souvent très restreinte pour les places voisines des frontières. Il faut donc amener rapidement à pied d'œuvre : le bois nécessaire (poutres, planches, piquets, barrières) ; du ciment, des cailloux et du sable pour le béton ; des sacs à terre, du fil de fer, du matériel pour mines et fougasses, etc.

Cette quantité de matériel se traduira par des poids très élevés. Ainsi à Port-Arthur, on peut l'estimer à 5 200 t environ pour le périmètre de 18 km du front de terre. Pour les forteresses qui auront un développement de 40 à 60 km, le service du génie seul devra prévoir le transport de 10 000 à 16 000 t. Si, d'autre part, on estime à dix jours la période de mobilisation, on sera amené à transporter 1 600 t par jour. En employant des voitures régimentaires à deux chevaux recevant un poids utile de 400 kg et effectuant deux voyages (30-35 km), il faudra immobiliser quotidiennement mille voitures et deux mille chevaux.

Mais la période de mobilisation n'est pas seule à considérer, car les travaux de construction et de réfection d'ouvrages pendant la durée du siège proprement dit nécessiteront encore énormément de matériaux. A Port-Arthur, pendant les cinq mois de siège, il en a fallu le double de ce qu'on avait utilisé pendant les cinq mois de la mobilisation, mais avec cette circonstance aggravante que les convois pouvaient seulement circuler la nuit, c'est-à-dire pendant six heures environ.

On ne peut donc songer à chercher à effectuer les transports de l'artillerie et du génie uniquement avec des chevaux et des voitures. Il faudrait en entretenir un trop grand nombre ou les réquisitionner, ce qui serait parfois difficile. Et cependant, on a déjà vu précédemment quel intérêt il y aurait à pouvoir concentrer rapidement une grande quantité de canons sur le front d'attaque. S'il en avait ainsi les moyens, un commandant énergique n'hésiterait pas à dégarnir momentanément un ou plusieurs secteurs pour en reporter l'armement sur d'autres plus menacés. La question des chemins de communication et des transports présente donc autant d'intérêt que l'organisation en temps voulu de tel ou tel intervalle.

Malheureusement, à Port-Arthur, cet élément de la défense était tout à fait négligé. Il n'y avait pas de chemins de fer ni même de chaussées. Celles-ci étaient remplacées par des routes creusées dans le sol lui-même; c'était heureusement du roc qui résistait aux intempéries, mais dans tous les cas, si les chemins étaient bien tracés au point de vue technique, ils l'étaient beaucoup moins en ce qui concerne le défilement, ainsi d'ailleurs qu'on l'a fait remarquer. Dès octobre, presque tous ces chemins étaient sous les vues directes des observatoires ennemis et il ne pouvait pas y circuler quoi que ce soit, sans qu'immédiatement des batteries de canons de 47 mm entrent en action. Même la nuit, les Japonais s'orientaient sur les bruits des roues des voitures et lançaient sur elles des projectiles.

Il en résulte que le défilement est la qualité primordiale d'un chemin de communication. En terrain plat, on le réalise au moyen de plantations judicieusement disposées (fig. 6) et par des lacets. Même si l'on a à tracer une voie ferrée, il ne faudra pas chercher à diminuer les distances parcourues par des grands alignements, mais empêcher que de longues portions de lignes ne soient prises d'enfilade. Dans les terrains montagneux, on passera derrière les crêtes, dans les ravins, et on arrivera assez facilement à dissimuler les chemins.

Si, comme on l'a dit plus haut, un réseau de chemins

de fer est absolument nécessaire dans une place, le mode de traction n'est pas aussi bien défini et le lieutenant-colonel von Schwarz pense qu'à Port-Arthur les locomotives à vapeur eussent été d'un emploi difficile. On a vu

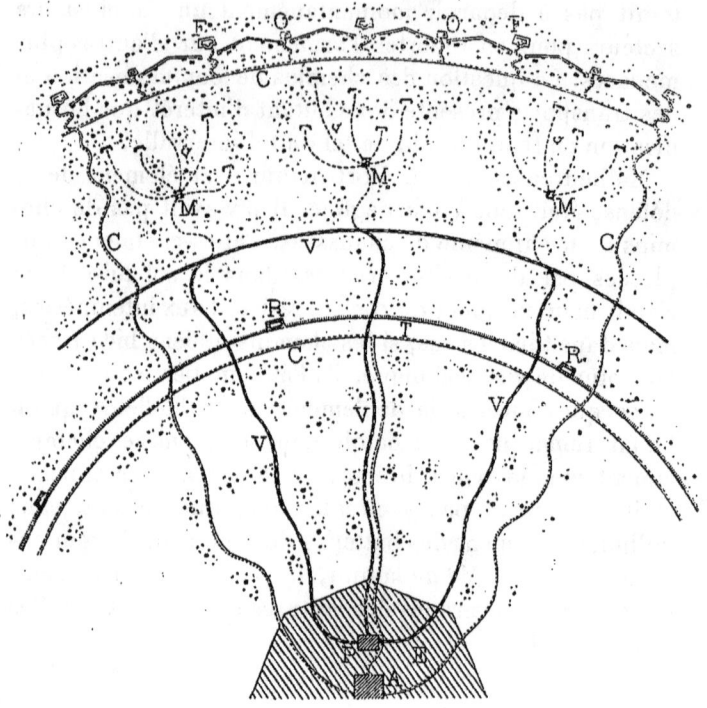

Fig. 6. — Schéma indiquant les communications à établir entre le noyau central et la ligne des forts.

F, F, forts ; O, O, ouvrages intermédiaires ; M, M, magasins à poudre et à munitions ; R, R, forts de deuxième ligne ; E, noyau central ; A, P, magasins centraux ; C, C, chaussées de communications ou chemins stratégiques ; V, V, voies ferrées permanentes ; v, v, voies ferrées temporaires ; T, retranchements.

que les Japonais arrivaient à déceler, la nuit, la présence des voitures sur les chemins par le bruit des roues ; n'en serait-il pas de même des machines à vapeur qui, outre l'échappement de la vapeur et la fumée, dégagent aussi quelquefois des étincelles ? Il semblerait donc utile de substituer aux locomotives ordinaires la traction électrique ou toute autre faisant moins de bruit. En outre, la place devrait posséder un certain nombre de wagons susceptibles d'être remorqués à bras ou par des animaux, pour circuler sur les voies où le mouvement des trains est impossible. Les automobiles, qui vont toujours en se perfectionnant chaque année, rendront de grands services dans les pays plats.

En résumé, les desiderata relatifs aux chemins de communication sont les suivants :

1° Outre de nombreuses chaussées, posséder un réseau de chemins de fer à voie étroite ;

2° Ce réseau devrait avoir une partie fixe, construite dès le temps de paix, et une autre partie transportable, mise en place au moment de la mobilisation. La première, circulaire, serait disposée près des batteries intermédiaires, immédiatement en arrière des magasins à poudre. La seconde relierait la partie fixe à certains forts, aux magasins intermédiaires de toutes les batteries, etc. ;

3° Remplacer les locomotives à vapeur par tout autre mode de traction ne faisant ni bruit ni fumée ;

4° Pour le transport des poids lourds sur les chaussées avoir des automobiles silencieuses ;

5° Éviter l'enfilade des longs tracés en ligne droite.

PROJECTEURS

Pendant le siège, les projecteurs ne furent qu'un des moyens secondaires de la défense, en raison de leur petit nombre et de l'inaptitude à se servir de ces appareils. Cependant toute leur importance a été démontrée, et, dans les guerres futures, ils ne seront pas moins nécessaires que le canon, le fusil ou la pelle. Le rôle des projecteurs dans une forteresse commence aux premiers jours de son investissement et finit à ses dernières convulsions. Au début, ils gênent l'ennemi dans ses mouvements et dans la construction des tranchées, mais sans toutefois lui apporter d'entraves pour ses batteries de siège, enterrées ou hors de vue. En général, leur rôle sera donc :

1° Éclairer la plus grande zone possible de terrain pour gêner les mouvements et les rassemblements des troupes ennemies, dévoiler les transports des équipages lourds et les travaux sur la ligne d'investissement ;

2° Rendre difficiles les travaux de sape et signaler en temps opportun la mise en marche des colonnes d'assaut sur les approches des ouvrages ;

3° Barrer par leur faisceau les recherches des projecteurs adverses.

On comprend qu'un projecteur d'un calibre ou d'un modèle unique ne peut satisfaire à ces trois conditions. Il faut des appareils plus puissants pour éclairer les points très éloignés de la place que pour rendre visibles les abords immédiats des forts ; pour la barrière lumineuse, il est nécessaire de réaliser un dispositif étalant le faisceau.

Il serait donc désirable d'avoir, sur le front de défense, des projecteurs de deux ou trois calibres. Pour l'éclairage éloigné et la barrière lumineuse, ils seraient puissants, c'est-à-dire du calibre de 90 ou de 120 cm et établis sur les forts. Pour observer dans les intervalles on emploierait des appareils de 60 ou de 75 cm et on les disposerait dans les caponnières d'arrière intermédiaires ou dans leur voisinage immédiat, de façon à ce que le commandant de l'artillerie de ces organes ait les projecteurs sous ses ordres directs. Une complète harmonie doit en effet régner entre l'organe qui éclaire le but et celui qui doit le battre. Un projecteur sans canon sera inutile, mais un canon sans projecteur ne saura où porter ses coups. Pour éclairer la zone rapprochée en avant des retranchements réunissant les forts et les ouvrages intermédiaires, on pourrait descendre aux calibres de 60 ou de 40 cm.

Il en résulterait que, sur la ligne principale de défense, il y aurait (fig. 7) :

1° Un projecteur de 90 ou de 120 cm sur chaque fort[1];

2° Un projecteur de même calibre sur l'ouvrage intermédiaire ;

3° Deux projecteurs de 60 ou de 75 cm dans les caponnières d'arrière intermédiaires ou dans leur voisinage

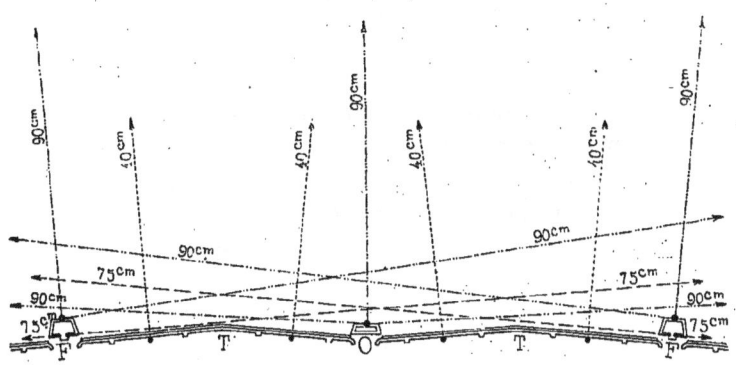

Fig. 7. — Schéma de la disposition des projecteurs dans un intervalle.

F, F, forts ; O, ouvrage intermédiaire ; T, T, retranchements permanents.

immédiat. La caponnière et le projecteur seraient reliés alors par le téléphone ;

4° Quatre projecteurs de 40 ou de 60 cm dans chaque intervalle pour éclairer les abords immédiats des retranchements.

Dans le cas de l'existence d'une deuxième ligne de défense, il faudrait y établir également des projecteurs puissants, susceptibles d'éclairer la première ligne en

---

[1] L'un d'eux servirait de rechange en cas d'avarie à l'autre ou à celui des ouvrages intermédiaires voisins.

cas de percée de celle-ci par l'ennemi. Le plus souvent, si les appareils ont une portée de 4 à 5 km, on pourra les placer sur des points de l'enceinte centrale découvrant bien le terrain en avant.

La question d'emplacement des projecteurs destinés à éclairer les intervalles battus par les caponnières d'arrière intermédiaires est très délicate. Si l'on installe les appareils dans la caponnière, en leur ménageant une embrasure spéciale, il est à craindre que la proximité du faisceau ne gêne précisément le commandant qui doit faire tirer les canons de la caponnière. On est alors conduit à placer le projecteur en dehors, en l'abritant convenablement contre les coups. Quand cela sera possible, on le mettra sous un abri bétonné ou même dans une tourelle, sinon on le rendra mobile, soit en le plaçant sur un chariot traîné par des chevaux, soit ainsi qu'on l'a fait à Ehrlong en le fixant simplement sur chariot se mouvant sur rails. Dans ces derniers cas, il devra être relié par le téléphone avec la caponnière et sans que les fils puissent être coupés par les projectiles ennemis.

Quant aux projecteurs établis derrière les retranchements, ils doivent être au plus haut degré légers, mobiles et indépendants de leur source d'énergie, car on sera amené à les changer fréquemment de place en vue de les soustraire au feu de l'adversaire ou d'éclairer les divers points en avant de la ligne de défense.

Mais, si les appareils restent par la force des choses à découvert, il n'en est pas de même des moteurs et des dynamos qui devront autant que possible être abrités dans des locaux à l'épreuve. Pour les projecteurs des forts, la question est relativement simple, par suite du rapprochement obligé des appareils de la source d'énergie et du passage des câbles dans des locaux à l'épreuve. Pour ceux des intervalles, on peut loger à la rigueur les moteurs dans les casernes bétonnées, mais il faut amener le courant aux projecteurs. Or, pour mettre les câbles à l'abri des projectiles, il faut les enterrer profondément, ce qui nuit forcément à la mobilité des appareils, qui doivent alors venir se brancher en des points déterminés de la ligne des retranchements. Si on opère autrement, c'est-à-dire en posant simplement le câble sur le sol ou en l'enterrant peu profondément, il y a à craindre les interruptions lorsque la ligne sera coupée par un obus ennemi. La solution désirable pour ces projecteurs serait donc d'avoir une source de lumière qui se déplace avec l'appareil.

Pendant la durée du siège, les défenseurs de Port-Arthur ont ressenti souvent la grande impression morale produite par les faisceaux des projecteurs. Lorsque ceux-ci passaient sur la zone occupée par les travailleurs, ces derniers s'arrêtaient immédiatement dans leur besogne.

Aux premiers jours de l'investissement, par suite du grand éloignement des appareils (5 km), les projecteurs japonais exploraient les travaux de la place, mais les faisceaux s'arrêtaient rarement sur les groupes des défenseurs, parce que ceux-ci n'étaient pas aperçus par l'ennemi. Cependant, les jours suivants, celui-ci réussit à distinguer les retranchements, les éclaira longuement et dirigea sur eux le feu de ses batteries. On dut recourir à la ruse, c'est-à-dire interrompre le travail sur les zones éclairées pour le reprendre sur celles qui restaient dans l'ombre, puis, lorsque celles-ci étaient elles-mêmes reconnues, revenir aux premières. Toutefois, il faut dire qu'en raison de leur éloignement, les projecteurs japonais n'ont pas gêné énormément les travaux de l'assiégé.

De leur côté, les Russes n'avaient aucun renseignement sur les entraves qu'apportaient leurs projecteurs à la marche ou aux travaux de leurs adversaires. L'auteur ne peut citer à cet effet que des passages du *Siège de Port-Arthur* de David James. Nous en avons déjà donné un extrait (p. 67) et en voici quelques autres non moins probants.

A propos de l'assaut de la lunette du Temple, James

dit : « Mais tout ce que l'obscurité pouvait apporter d'aide aux assaillants était détruit par les rayons des projecteurs, une lumière froide gênant d'un côté et aidant de l'autre. »

Au sujet de l'assaut de la redoute du Rocher, du 23 au 24 août, il dit encore : « A l'ouest, l'artillerie de la 1re division commençait son tir contre les projecteurs de la défense; la fumée de l'explosion des projectiles cachait si souvent leurs feux que nous ne fûmes pas étonnés quand deux d'entre eux s'éteignirent. A ce moment, la lune se cacha, ce qui fit ressortir davantage les faisceaux des projecteurs de l'est sur lesquels on continua à tirer. Plus loin à l'ouest, entre Souichiyng et Ouglovaia, un grand nombre de fusées, dans un beau désordre, produisaient un éclairement comme à l'aurore. L'aile droite de la 1re division, voulant profiter de l'obscurité produite par suite de l'extinction des deux projecteurs à l'ouest, s'avança en chaîne après avoir dissimulé sa présence aux avant-gardes russes. Mais soudain, le feu des deux projecteurs brilla de nouveau, leur faisceau se dirigea sur les rangs japonais pris ainsi à l'improviste et sur lesquels s'exerça un violent feu d'artillerie et de mousqueterie provenant d'Itsouchan, d'Antsechan et des ouvrages voisins. L'extinction du feu des projecteurs était simplement une ruse moscovite dans laquelle tombèrent les Japonais ; maintenant, les faisceaux couraient, se croisaient, donnant un but aux efforts décisifs de l'artillerie qui détruisait les ennemis au fur et à mesure qu'ils s'avançaient. Alors seulement régna un silence significatif à l'ouest. »

Ces récits d'un témoin oculaire sont donnés par le lieutenant-colonel von Schwarz pour montrer la nécessité de pourvoir les forteresses du plus grand nombre possible de projecteurs [1].

---

[1] Il faut considérer que, d'après les récits qui précèdent, les projecteurs ne semblent avoir eu une réelle efficacité qu'aux distances assez rapprochées des ouvrages.

SERVICE DES LIAISONS
(TÉLÉGRAPHES ET TÉLÉPHONES)

Dans les fortesses contemporaines, tous les éléments ont une telle importance qu'il est bien difficile d'indiquer ceux qui priment les autres. C'est ainsi que les forts, ouvrages et batteries, qui jouent un rôle prépondérant, seront cependant en mauvaise posture s'ils ne sont pas reliés entre eux et avec la place par de bons chemins de communication. Mais l'existence de ces derniers ne suffit pas encore pour assurer l'instantanéité d'action qu'on exige des divers organes afin d'atteindre le but final : faire, par exemple, converger sur un même objet les canons et la mousqueterie des batteries ou ouvrages d'un ou plusieurs secteurs, provoquer l'affluence en un point donné des troupes de première ligne ou de réserve d'un front étendu. Il est impossible de dénombrer tous les cas qui exigeront une rapide transmission des ordres à grande distance, mais celle-ci n'en est pas moins une des conditions primordiales de la défense.

La nécessité de l'emploi des moyens techniques permettant de réaliser de pareils desiderata est reconnue par tous et cependant, dans beaucoup de places, ces moyens sont encore incomplets. En particulier, à Port-Arthur, ils n'existaient qu'à l'état embryonnaire en temps de paix. Le réseau téléphonique, construit hâtivement à la mobilisation, ne fonctionna pas naturellement dans des conditions aussi régulières que cela eût été souhaitable.

C'est alors qu'apparaît l'énorme importance d'un réseau téléphonique construit rationnellement et en temps favorable, ainsi que ses diverses caractéristiques.

Ce qui saute aux yeux tout d'abord, c'est de diviser les réseaux en deux catégories.

L'une, servant à relier les forts et ouvrages entre eux

et avec le commandant de la place, doit être réalisée en même temps que la forteresse. En temps de siège, elle servira pour la transmission des ordres du chef d'état-major de la place aux forts et aux commandants des fronts et de ceux-ci aux commandants des secteurs qui communiqueront avec les ouvrages et forts, ces derniers étant aussi reliés entre eux.

L'autre, spécialement affectée à l'artillerie, permettra au commandant de l'artillerie de diriger le feu de toutes ses batteries. Une partie du réseau, qui relie la place aux observatoires du commandant de l'artillerie, et même celle qui réunit chacun de ces observatoires à ceux des commandants de groupe seront aussi réalisées dès le temps de paix. La ligne circulaire qui mettra en communication entre elles et avec l'observatoire du groupe les batteries temporaires ne serait faite qu'à la mobilisation.

Une seconde caractéristique des réseaux consiste en ce qu'ils doivent fonctionner sans interruption, même sous la plus forte canonnade. On y arrive, soit par un réseau souterrain, soit au moyen de la télégraphie sans fil.

Tout ceci ressort des faits du siège. Dans la forteresse, il existait un réseau téléphonique très développé permettant les liaisons suivantes. L'état-major de la place était réuni à la station centrale, qui communiquait avec les commandants des fronts. Ceux-ci étaient reliés avec les commandants des secteurs en liaison avec les forts, ouvrages et batteries. On voit donc qu'il n'existait pas de réseau particulier à l'artillerie et que celle-ci devait emprunter le réseau général pour communiquer avec ses batteries. Comme celui-ci était encombré déjà par les messages provenant du commandement, il en résultait que des indications très urgentes parvenaient le plus souvent trop tard. C'est ainsi que les ordres d'ouvrir le feu sur un but désigné n'arrivaient aux batteries que bien souvent lorsque le but avait disparu. Cela se passait surtout pendant le combat, au moment où les ordres affluaient de toutes parts. On s'explique aisément que, dans bien peu de circonstances, les Russes purent concentrer le feu de plusieurs batteries sur des colonnes japonaises. Si cela se produisit quelquefois, il faut l'attribuer non pas à la direction d'un seul, mais bien plutôt à l'activité déployée par les chefs des positions et les commandants de batterie.

L'adversaire, au contraire, concentrait la plupart du temps le feu de nombreuses batteries sur un même ouvrage, grâce à un service de liaison parfaitement organisé, aboutissant à des observatoires judicieusement choisis. Le général Nogi et le général Tichima, commandant l'artillerie, avaient des observatoires avec des communications téléphoniques complètement séparées [1]. Les déclarations des auteurs anglais, David James et Ellis Ashmead-Bartlett sont très claires à ce sujet. Ce dernier rapporte même que les colonnes d'assaut japonaises étaient pourvues du téléphone de campagne, qui les reliait d'une part avec l'état-major, d'autre part avec les batteries, ce qui permettait à celles-ci de cesser le feu ou d'allonger leur tir, suivant les circonstances. Grâce à l'emploi intelligent de ces appareils techniques militaires, l'ennemi pouvait faire concorder tous ses moyens d'action à tous les instants pour se rapprocher du but à atteindre. Mais il est cependant probable que le succès en eût été rendu plus difficile si la défense avait employé aussi bien ces mêmes moyens.

Sous le rapport des communications téléphoniques, la forteresse a même un avantage sur l'attaque, puisqu'elle peut les organiser posément dès le temps de paix en mettant en œuvre les procédés les plus sûrs et les plus nouveaux, tandis que l'assaillant ne les possède pas toujours. La télégraphie sans fil a déjà pris un réel développement ; cependant le moment ne semble pas encore venu

---

[1] Voir *Revue du Génie*, 1906, t. XXXII, p. 529.

de supprimer les téléphones, beaucoup plus sûrs et d'un emploi moins aléatoire pour la compréhension des télégrammes. Mais il faut toutefois empêcher la destruction des fils par les obus ou leurs éclats. Ce résultat ne peut être atteint qu'en employant des lignes souterraines. Toutefois, à ce sujet, les avis sont partagés.

Les uns prétendent qu'il faut enterrer les fils de telle façon qu'ils ne puissent être coupés par la chute d'un obus de fort calibre. Si même le cas se produisait et pour procéder rapidement à la réparation de la ligne, ils proposent de construire tous les 50 ou 65 m des regards qui permettraient de substituer à la portion de ligne coupée un ou plusieurs autres fils également souterrains, et branchés dans ces regards sur les portions souterraines restantes.

Les autres objectent que les lignes aériennes seront très rarement coupées par les bombes ou les shrapnels et que l'on sera conduit à des dépenses considérables si l'on veut creuser sur des centaines de kilomètres des tranchées de profondeur suffisante pour mettre les câbles à l'abri des gros projectiles. Ils proposent alors de mettre les lignes à l'abri des éclats des projectiles de campagne ou de canon de moyen calibre en les enfouissant de 30 à 45 cm dans le sol.

Le lieutenant-colonel von Schwarz, se basant encore sur les expériences du siège, propose :

1° De n'avoir que des lignes téléphoniques souterraines ;

2° De les subdiviser en deux sections : celle de la zone exposée directement aux obus et celle qui aura peu à craindre les coups de l'artillerie ;

3° Dans la première section, les câbles devront être enterrés assez profondément pour ne pas être coupés par les obus ; dans la seconde, ils pourront l'être moins puisqu'ils ne seront exposés qu'aux éclats ou à l'ébranlement produit par la chute fortuite d'un gros projectile ;

4° De garantir l'isolement des câbles par une gaine en bois. A Ehrlong, on avait observé de fréquentes interruptions dans une ligne enterrée à 30 cm de profondeur. Lorsque le câble fut enlevé et examiné, on ne constata aucune détérioration du fait des projectiles et il fut remis en place, mais en donnant lieu aux mêmes phénomènes. Examiné plus attentivement, on constata que l'isolant était en partie détruit et qu'à la suite des pluies qui

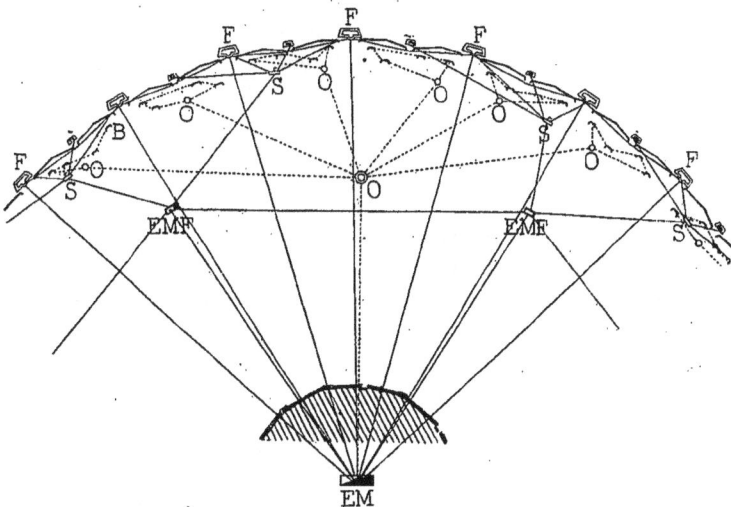

Fig. 8. — Schéma des communications téléphoniques.

——————— Réseau de commandement.   .... Réseau de l'artillerie

avaient mouillé fortement le sol, le fil était à la terre. On reposa le même fil, mais en le plaçant dans un tube de section triangulaire en planches minces et les interruptions ne se produisirent plus ;

5° De garantir la sûreté des communications en organisant les lignes de telle façon que chaque point soit relié par deux fils avec l'état-major ou avec le chef dont il dépend immédiatement, afin que, si l'une des lignes est hors de service, la seconde puisse la suppléer.

Le schéma des communications téléphoniques est indiqué sur la figure 8.

On constate qu'il n'est pas nécessaire d'enterrer profondément les lignes reliant : l'état-major de la place aux observatoires des chefs de front et aux états-majors des commandants de secteurs ; ces derniers entre eux ; l'observatoire de l'artillerie avec l'état-major de la place et les observatoires intermédiaires ; les états-majors des chefs de front avec ceux des secteurs, tout au moins sur une moitié environ de leur longueur. La partie du réseau de l'artillerie qui sera exécutée au moment de la mobilisation sera enterrée autant qu'il sera possible d'après le temps dont on disposera. Quant aux lignes réunissant les ouvrages et les forts aux commandants de secteurs ainsi que les forts entre eux, elles seront enterrées profondément et organisées dès le temps de paix.

Des lignes assureront également la liaison des stations du chemin de fer à voie étroite entre elles et avec l'état-major de la place. Au point de vue de la sécurité, on les traitera comme les autres lignes téléphoniques.

La télégraphie sans fil semble devoir être appliquée pour relier :

1° La forteresse à certaines autres villes du territoire ;

2° La forteresse avec les escadres dans le cas de ville maritime ;

3° L'état-major de la place avec les positions avancées ;

4° Les forts détachés.

Le service des liaisons peut en outre être assuré par d'autres moyens, tels que les héliographes et les sémaphores, mais à la condition qu'ils aient été préparés dès le temps de paix et que les hommes à y affecter seront absolument aptes et instruits dans la pratique de ces appareils : autrement les services qu'ils rendront seront négligeables.

CHAPITRE VII

GARNISON DE LA PLACE

Dans le chapitre III, on a fait ressortir que la distance des forts à l'enceinte centrale était trop faible pour empêcher un bombardement de la ville, mais qu'elle avait été imposée par la nécessité de ne pas avoir une première ligne de défense trop développée, eu égard à la garnison insignifiante qui était prévue pour la place. Elle n'était en effet que de 11 300 hommes pour une ligne de forts de 15 km, ce qui donnait 760 hommes par kilomètre. Ce chiffre se rapproche bien de celui qui est admis en principe en Allemagne, mais alors les troupes mobiles pour la défense active des positions avancées et autres ne sont pas comprises dans la garnison des forts et ouvrages.

A Port-Arthur, dès le commencement du siège, on constata que l'occupation de certaines positions avancées était indispensable, ce qui porta le périmètre de la défense à 21 km, de sorte qu'il n'y aurait plus eu que 510 hommes par kilomètre. Il est inutile d'ajouter que ce chiffre était notoirement insuffisant et qu'en cette occurrence on dut renoncer à défendre les positions d'avant-garde.

Toutefois, la chance favorisa Port-Arthur en ce qui concerne la garnison, car, en réalité, au début du siège, elle comptait 41 016 hommes, dont 34 503 dans le rang, 4 189 non combattants et 2 324 dans les hôpitaux. A cela il faut encore ajouter 3 500 unités de l'équipage du Kouantong, quelques petits détachements et treize milices de citoyens (2 500 hommes). Le total général s'élevait à près de 50 000 hommes, soit quatre fois plus que la garnison normale de 11 300 hommes qui avait été prévue.

Cette garnison était ainsi répartie au moment de l'investissement :

1° Batteries de côte : 1 3/4 bataillon ;

2° Positions avancées et ligne des forts : 25 1/4 bataillons ;

3° Réserve générale : 7 1/4 bataillons ;

4° Enceinte centrale : 13 milices et 1 compagnie.

On voit immédiatement combien était faible la réserve générale (1/6) pour une garnison de semblable importance.

D'après un ordre de la place du 30 juillet 1904 (la nuit de l'évacuation de la montagne du Loup), la répartition des troupes était la suivante :

1° *Front de mer*

a) Détachement ouest : lieutenant-colonel Stolnikov.

Du 27ᵉ régiment de tirailleurs est-sibérien.	1 compagnie
Du 28ᵉ régiment de tirailleurs est-sibérien.	1 —
De l'équipage du Kouantong	1 —
Total	3/4 bataillon.

Rôle : Défendre la presqu'île du Tigre, depuis la caserne du 27ᵉ régiment est-sibérien jusqu'à la Queue du Tigre inclusivement.

b) Détachement est : lieutenant-colonel Vepritski.

De l'équipage du Kouantong	4 compagnies
Total	1 bataillon.

Rôle : Défendre la portion comprise entre la montagne d'Or et la batterie n° 22 inclusivement.

2° *Front de terre*

Général Kondratenko.

a) Premier détachement : général-major Gorbatovski.

Des 25ᵉ et 26ᵉ rég. de tir. est-sibériens.	6 bataillons
Des 15ᵉ et 16ᵉ rég. de tir. est-sibériens.	6 bataillons
Du 28ᵉ rég. de tirailleurs est-sibériens.	1 bataillon
3ᵉ et 7ᵉ bataillons de réserve	2 bataillons
De l'équipage du Kouantong	2 compagnies
Des gardes-frontières	2 compagnies
Du bataillon de chemins de fer	1 compagnie
1 batt. de la 4ᵉ brig. d'art. est-sibérienne.	8 canons
1 batt. de la 7ᵉ brig. d'art. est-sibérienne.	8 canons
Batterie de canons de campagne de 57 mm à tir rapide	6 canons
2 batteries non endivisionnées	8 canons
Totaux	16 1/4 bataillons et 30 canons

Rôle : Défendre le terrain compris entre la montagne de la Croix jusqu'à Tayangkou inclusivement en y comprenant tous les forts, ouvrages, redoutes, batteries et tranchées et en outre occuper les positions avancées : Siaokouchan, Takouchan, de l'Aqueduc, du Temple et Panlongchan.

b) Deuxième détachement : général-major Tserpitski.

Du 5ᵉ régiment est-sibérien	3 bataillons
Du 27ᵉ régiment est-sibérien	2 bataillons et 3 compagnies
Du 28ᵉ régiment est-sibérien	1 bataillon et 3 compagnies
De l'équipage du Kouantong	1 bataillon
Compagnie de mineurs	1 compagnie
Détachements des 11ᵉ et 12ᵉ régiments est-sibériens	1 compagnie
4ᵉ brigade d'artillerie est-sibérienne . .	16 canons
Totaux	9 bataillons et 16 canons

Rôle : Défendre le terrain compris entre Tayangkou jusqu'à la batterie du Loup blanc en y comprenant tous les forts, ouvrages, redoutes, batteries et tranchées et en outre occuper les positions avancées des montagnes de la Division, Vysokaia, Ouglovaia et le Laotichan.

3° *Réserve générale*

Général-major Fock.

Des 13e et 14e régiments est-sibériens.	6 bataillons
4e bataillon de réserve.	1 bataillon
7e division d'artillerie est-sibérienne.	16 canons
4e brigade d'artillerie est-sibérienne.	8 canons
Compagnie de sapeurs du Kouantong.	1 compagnie
4e sotnia du régiment de cosaques.	1 sotnia
Totaux	7 1/4 bataillons, 24 canons et 1 sotnia.

Postes : Dans la vieille ville et la caserne du 10e régiment : le 14e régiment et 2 batteries de la 7e division ; dans la nouvelle ville et la caserne du 11e régiment : le 13e régiment, le 4e bataillon de réserve et 1 batterie de la 4e brigade. La sotnia dans sa caserne et la compagnie de sapeurs répartie en petits détachements sur toute la ligne de défense.

4° *Enceinte centrale*

Lieutenant-colonel Diouvernouia.

12 milices volontaires.	12 milices
La milice à pied de Port-Arthur	1 milice
Détachements des 9e et 10e régiments est-sibériens	1 compagnie
Totaux	1 compagnie et 13 milices

Rôle : Défendre l'enceinte centrale depuis la redoute 1 jusqu'à la station du chemin de fer.

(Tous les rapports devaient être envoyés à l'état-major de la place.)

De la répartition précédente, il résulte que la réserve, insignifiante, était encore divisée en deux portions : un régiment dans la vieille ville et un autre dans la nouvelle, à 9 km l'une de l'autre. La ligne des forts était aussi très faiblement occupée. Ainsi, sur le front commandé par le général Gorbatovski, de la montagne de la Croix à Tayangkou, il y avait : 12 compagnies occupant les positions avancées de Siaokouchan, de Takouchan, de l'Aqueduc, de la redoute du Temple et de Panlongchan ; 17 compagnies pour la garnison des forts et ouvrages (1 compagnie dans chacun d'eux) et 36 compagnies pour la défense des intervalles sur une étendue de 12 km, c'est-à-dire trois compagnies par kilomètre, sans aucune réserve.

Cependant, aussitôt que l'ennemi entra réellement en action, la disposition générale des troupes fut immédiatement modifiée, car on s'aperçut qu'il fallait plus de trois compagnies par kilomètre pour la défense des intervalles menacés. Alors on renforça l'intervalle entre Kikouan-nord et Ehrlong avec le 13ᵉ régiment ; une partie du 28ᵉ régiment fut désignée pour occuper le terrain entre Kikouan-nord et le fort I. Enfin, lorsqu'il fut évident que les attaques brusquées seraient dirigées entre Kikouan-nord et Ehrlong, on y amena un bataillon du 14ᵉ régiment[1]. De sorte que, le quatrième jour du bombardement, il ne restait que deux bataillons en réserve générale. Aussi, lorsqu'on entrevit la possibilité d'une pénétration de l'ennemi sur l'intervalle menacé, fit-on appel à un détachement de 1 500 marins de l'escadre. Malgré ce renfort, on ne réussit qu'à empêcher la percée de l'ennemi sans parvenir à reprendre les redoutes Panlong. Il fut ainsi mis en évidence que la garnison était à peine suffisante pour empêcher la prise de la forteresse et garder

---

[1] A ce moment, il y avait aussi des attaques sur le front ouest et il paraissait difficile d'y enlever des troupes.

ses positions avancées. Elle n'avait pu, dans tous les cas, s'opposer à l'enlèvement de deux ouvrages au centre de l'intervalle.

Au début de l'attaque progressive du front menacé, on avait concentré sur un intervalle de 2 km environ : 2 bataillons de chacun des 13ᵉ et 14ᵉ régiments et 2 compagnies des 15ᵉ et 16ᵉ régiments, soit en tout 20 compagnies, ce qui faisait 10 compagnies ([1]) par kilomètre, mais il fallait en retrancher cependant 7 compagnies affectées à la réserve du front, qui s'étendait sur 6 km. Cette garnison, suffisante pour une défense passive, ne permettait aucune action extérieure. Cependant, à la suite de pertes incessantes, elle fondait comme de la cire et, au mois de novembre, rares étaient les compagnies qui comptaient 60 à 70 hommes à l'effectif. Des travaux ininterrompus fatiguaient beaucoup les combattants, les affaiblissaient et engendraient des maladies. Tout cela provenait de l'impossibilité où on se trouvait de faire des relèves et de donner aux soldats un repos nécessaire, mais n'en avait pas moins des suites fatales, car l'affaiblissement des corps amène celui des âmes et conduit à la pensée de la reddition.

A la fin du siège, il ne restait dans la forteresse que 5 000 hommes bien portants et 12 000 à peu près aptes au combat. Le nombre des indisponibles était de 26 000 ([2]), c'est-à-dire plus du double de la garnison normale prévue.

L'une des causes de la chute de Port-Arthur fut donc la pénurie de la garnison et son extrême fatigue dans la dernière période de la défense, ce qui porte à conclure à la nécessité de prévoir un nombre tel de défenseurs qu'il soit possible de leur donner un repos complet, ne fût-ce que pendant peu de temps.

([1]) Les compagnies ne comprenaient plus à ce moment que de 120 à 150 baïonnettes.
([2]) 12 000 tués et 14 000 dans les hôpitaux.

De quelle garnison faudra-t-il doter les forteresses actuelles ? On répondra à cette question en s'aidant des données précédentes, mais en les appliquant seulement à l'infanterie et au génie.

Infanterie

Cette partie de la garnison est de beaucoup la plus nombreuse. A Port-Arthur, elle comptait : 9 régiments d'infanterie, 3 bataillons de réserve, 2 compagnies de gardes-frontières, 1 compagnie de marche, l'équipage du Kouantong et les compagnies de débarquement de l'escadre. Soit un total de 29 000 hommes au début du siège. Ce nombre diminua progressivement et, en novembre, il n'était plus que de 17 000. A ce moment, la place eut à subir des assauts successifs, mais elle pouvait encore lutter avec succès. Ce n'est qu'au milieu de décembre qu'on dut se rendre à l'évidence et qu'il fut constaté qu'il devenait impossible de tenir plus longtemps Vysokaia, car il ne restait plus que 13 927 hommes, nombre bien juste suffisant pour la ligne des forts. C'est sur ce chiffre minimum qu'on peut se baser pour déterminer ce qu'eût dû être la garnison de la place.

D'après des données officielles, sur le front attaqué (3,5 km), étaient concentrés 4 775 hommes et, sur le reste (17 km), 7 730 hommes. Ils avaient respectivement comme réserve : 406 et 496 hommes et à la réserve générale : 510. Par conséquent, sur 1 km du front attaqué il y avait 1 360 hommes environ, soit 2,5 hommes environ pour 2 m. Sur 1 km de front non attaqué, il y avait 480 hommes, soit 1/2 homme par mètre.

Le service comprenait trois tours : un tiers des hommes était en armes sur la première ligne ; un autre tiers réparait les dégâts sur les fortifications de la position et le troisième tiers était divisé en deux parties : dans l'une les hommes se reposaient non dévêtus et dans l'autre ils se reposaient complètement.

La moitié des hommes des réserves était employée chaque nuit pour les travaux extraordinaires.

De cette façon, sur la première ligne, les hommes dormaient un jour sur trois et, dans les réserves, un jour sur deux. Mais bien rares étaient les nuits où il ne se passait pas d'alerte, et, de ce fait, les hommes au repos complet voyaient souvent leur sommeil écourté. Ce surmenage influait énormément sur l'état physique et moral des soldats et on conçoit qu'il eût été désirable d'avoir une garnison suffisante pour donner au moins un repos complet d'une nuit sur trois aux trois tours.

On peut essayer d'appliquer les données exposées précédemment à une forteresse idéale de 9 km de rayon et dont la circonférence de la première ligne aurait par suite 56 km de développement. Il existerait, par exemple, vingt-trois forts et autant d'ouvrages intermédiaires. On peut supposer que l'attaque serait dirigée contre trois forts, deux ouvrages et deux intervalles, soit 5 km environ.

Pour le front attaqué et dans la dernière période du siège, il faudrait par conséquent 5 000 hommes et pour le reste 20 800, soit un total de 25 800. Afin de donner une nuit de repos complet sur deux, il y aurait lieu de doubler ce chiffre et on arriverait à 51 600 hommes.

On a vu que la réserve de 1/6 qui avait été ménagée était complètement épuisée au mois de décembre ; il eût donc été bon d'en avoir une plus forte, c'est-à-dire de 1/4 au moins, ce qui augmente le chiffre précédent de $\frac{51\,600}{4} = 12\,900$ hommes. Finalement, dans la dernière période, on devrait pouvoir disposer encore de 64 500 combattants.

D'autre part, il faut compter sur un déchet de moitié pendant la première période (qui a duré cinq mois à

Port-Arthur et où la garnison d'infanterie est tombée de 29 000 en juillet à 13 927 au milieu de décembre). Il faudrait donc au début 129 000 hommes.

Ce chiffre, qui paraît colossal, n'est cependant pas exagéré et il se justifie par les pertes dans les combats futurs, qui dépasseront 50 p. 100; par la nécessité de donner aux hommes un repos indispensable pour les maintenir en bon état et capables de soutenir la lutte.

La garnison de la place idéale dont il s'agit serait ainsi répartie :

A) *Au moment des premières attaques :*

1° Garnison des 23 forts (400 hommes chacun) et 23 ouvrages (200 hommes) . .	14 000 hommes
2° Garnison des intervalles du front attaqué.	5 000 —
3° Garnison des intervalles du front non attaqué	20 800 —
4° Réserves partielles	12 900 —
5° Réserve générale.	76 300 —

B) *Après la première période et 50 p. 100 de pertes :*

1° Garnison des forts et ouvrages (majorée de la réserve).	14 000 hommes
2° Garnison des intervalles du front attaqué.	5 000 —
3° Garnison des intervalles du front non attaqué	20 800 —
4° Réserves partielles	12 900 —
5° Réserve générale.	11 800 —
6° Pertes	64 500 —

Cette dernière énumération montre déjà que la réduction de la réserve générale est telle qu'il n'y aurait plus de repos qu'une nuit sur trois. Il est probable qu'un mois après toutes les réserves auraient disparu, ainsi, par suite, que la nuit de repos.

L'organisation de retranchements permanents entre

les forts et ouvrages permettrait sûrement de diminuer de beaucoup les chiffres précédents, car les travaux à exécuter sur la première ligne seraient ainsi considérablement réduits et la défense en serait également beaucoup plus facile, ce qui conduirait à la fois à diminuer le nombre des tireurs dans les intervalles et à augmenter le nombre des nuits de repos.

Génie

D'après l'expérience acquise à Port-Arthur, on peut fixer comme il suit l'effectif des troupes du génie ainsi que leur emploi dans les forteresses :

1° Sur chaque fort ou ouvrage intermédiaire, il est nécessaire d'avoir : un détachement de sapeurs avec deux officiers pour réparer les dégâts et en plus, sur les forts attaqués, un peloton de mineurs avec quatre officiers ;

2° Sur les fronts, attaqués ou non, un détachement par intervalle pour réparer les dégâts ;

3° Pour la réserve des fronts attaqués : un peloton par intervalle pour les travaux extraordinaires ; une compagnie pour les travaux de contre-attaque ; trois pelotons de mineurs.

Si on applique ces données à la forteresse idéale étudiée, il faudrait :

1° Pour vingt-trois forts, 23 détachements ;

2° Sur les intervalles non attaqués, 21 détachements ;

3° Sur les intervalles attaqués, 2 détachements, 2 pelotons et 2 compagnies.

Soit un total de : 46 détachements ; 2 pelotons et 2 compagnies, c'est-à-dire 8 compagnies de sapeurs ; 5 pelotons de mineurs pour les trois forts et les deux ouvrages intermédiaires et 3 de réserve, c'est-à-dire 8 pelotons ou 2 compagnies.

En augmentant de 25 p. 100 l'effectif des sapeurs pour

les pertes, les travaux non prévus (deuxième ligne de défense, chemins...), on arrive à 10 compagnies, soit 2 bataillons et demi.

Il faut compter en outre environ 200 km de chemin de fer à voie étroite, ce qui nécessitera pour l'exploitation 4 compagnies de sapeurs de chemin de fer.

Le détachement de télégraphistes sera d'un bataillon et celui des aérostiers comportera 3 sections.

CHAPITRE VIII

ÉTUDE DES FORTS ET DE LEURS ORGANES

Considéré comme point de soutien, un fort doit satisfaire aux trois conditions principales ci-après :

1° Rendre très difficile une attaque, même progressive, dirigée contre lui ;

2° Se défendre par ses propres moyens ;

3° Flanquer à tout moment les intervalles à droite et à gauche.

Les forts construits dans ces dernières années sont susceptibles d'une telle résistance qu'une attaque brusquée paraît une entreprise très aléatoire et il y a tout lieu de supposer que l'adversaire ne s'y risquera pas et préférera s'en prendre à l'intervalle. C'est en somme ce qui a été confirmé pleinement à Port-Arthur et qui a porté certains esprits à s'inquiéter de l'organisation de la défense des intervalles. Beaucoup se rangent à l'avis d'y construire des retranchements permanents. Mais alors, si on continue à créer des caponnières d'arrière intermédiaires et qu'en plus on renforce l'action de flanquement des forts, la pénétration dans les intervalles deviendra tellement difficile qu'on se résoudra de nouveau à attaquer les ouvrages de soutien.

Au fond, c'est ce qui s'est déjà passé autrefois pour les enceintes des anciennes places. Au début, l'attaque était dirigée sur les saillants. On les renforça par la création des bastions et l'ennemi se dirigea sur la courtine. On protégea celle-ci par un ravelin et de nouveau le bastion fut menacé.

Les forts doivent être considérés comme des points de soutien permettant aux troupes de la garnison de manœuvrer et d'exécuter des sorties ou des contre-attaques. La chute d'un ouvrage dans l'intervalle n'entraînera pas avec elle la perte de toute la position principale de combat. On en eut un exemple typique avec les redoutes Panlong, qui tombèrent à la fin d'août, ce qui n'empêcha pas l'intervalle Ehrlong—Kikouan-nord de résister encore pendant quatre mois, grâce à la présence du mur chinois. Mais, lorsque, le 28 décembre, Ehrlong fut pris, on dut évacuer dans la nuit une partie de la position, et enfin, quand Songchouchan (ouvrage qui en réalité équivalait à un fort) tomba trois jours après, on dut abandonner la principale ligne de défense et se retirer sur la deuxième ligne.

La présence de retranchements permanents dans les intervalles amoindrit donc quelque peu le rôle des forts, puisque, si l'un de ceux-ci succombe, on conçoit encore la possibilité de se maintenir derrière l'enceinte de la ligne principale, mais il n'en est pas moins vrai, comme on vient de le voir, qu'au fort appartient encore le grand rôle de soutien essentiel, sans la prise duquel il sera bien difficile de pénétrer jusqu'au cœur de la place.

Dans cet ordre d'idées et si l'on renforce les intervalles, l'adversaire aura une tendance à chercher à s'emparer des véritables points de soutien et on devra donner aux forts les moyens de remplir les conditions énumérées plus haut. Pour satisfaire aux deux premières, il faudra :

1° Que le fort puisse battre par son artillerie les obstacles organisés contre l'assaut ;

2° Qu'il soit impossible pour l'ennemi de détruire les constructions abritant les canons, ou d'annihiler les obstacles soit par un bombardement, soit par une attaque progressive ;

3° Qu'il existe des locaux à l'épreuve pour la garnison.

La troisième condition exige qu'il y ait dans le fort des constructions bétonnées ou cuirassées permettant d'observer le terrain en avant et sur les flancs et de battre constamment par un feu d'artillerie et de mousqueterie les intervalles et les approches des ouvrages voisins. Pour l'artillerie, les emplacements existent déjà dans les caponnières d'arrière. Il ne reste donc qu'à établir des tours cuirassées pour l'observation et des galeries de fusillade pour l'infanterie.

On ne s'explique d'ailleurs pas très bien comment on a été amené à ménager des abris à l'épreuve pour les canons et à laisser les tireurs à découvert. Est-ce que les shrapnels seraient moins dangereux pour les hommes que pour les pièces ? Est-ce que la perte d'un seul canon est plus importante que la mise hors de combat de dix fusiliers ? Est-il possible, pour la défense de l'intervalle, de préférer le feu de l'artillerie à celui de l'infanterie ? Non, certainement non ! Ce serait une faute de donner la préférence à l'une des deux armes. Pour se défendre avec succès, il faut simultanément faire appel au fusil et au canon.

La création sur les forts de caponnières d'arrière a fait époque dans la guerre de forteresse. Complétez-la par des galeries de fusillade à l'épreuve pour l'infanterie et les mitrailleuses et vous serez invincibles !

Le rôle du fort ainsi défini : point de soutien et organe de défense des intervalles, il faudra lui donner la garnison lui permettant de remplir ces divers buts, mais on devra bien se garder de le doter d'une artillerie qui l'inciterait à entrer en lutte avec les batteries assiégeantes. Cette artillerie de fort calibre attirerait forcément sur le point de soutien les coups de l'artillerie adverse. C'est ce qui est arrivé à Port-Arthur, où tous les forts possédaient des canons de gros calibre qui ont pris part au combat d'artillerie avec les Japonais. Ceux-ci, en répondant aux batteries, atteignaient à la fois trois buts : leurs coups portaient soit sur la batterie elle-même, soit sur le reste du fort, soit sur l'infanterie. Étant donné que, pour détruire une batterie avec ses canons, il faut lancer sur elle un très grand nombre de projectiles, une partie de ceux-ci tombaient fatalement sur les parapets d'infanterie et démolissaient le fort, le rendant ainsi plus vulnérable contre un assaut. Mais c'est là précisément l'un des buts de l'assaillant. Pourquoi lui faciliter ainsi la besogne ?

Ce qui est vrai pour le combat d'artillerie proprement dit l'est également pour les canons tirant à grande distance sur les troupes ou les convois ennemis. On ne doit pas les installer dans les forts, sous peine d'attirer également sur ceux-ci le feu de l'artillerie adverse, qui aura une tendance naturelle à riposter aux coups dirigés contre son infanterie.

Il va de soi que, si les canons de gros calibre étaient établis en dehors des forts, non seulement ils seraient mieux dissimulés, mais encore l'ennemi devrait partager son feu entre les batteries et les forts et ceux-ci recevraient en conséquence deux fois moins de projectiles.

Si au contraire on les met en évidence sur les ouvrages, ils risquent d'être détruits très rapidement, ainsi qu'en témoigne le message téléphoné n° 2 déjà cité (p. 48). Ce message, envoyé seulement quatre heures après le commencement du premier bombardement, rend compte que tous les gros canons d'Ehrlong sont déjà hors d'usage.

Pour indiquer les modifications à apporter à l'organisation des anciens forts, le lieutenant-colonel von Schwarz donne la description du fort Ehrlong, signale les défauts qui ont été découverts pendant le siège et attire l'attention sur ce fait que le plan et les coupes qu'il en donne (pl. II) n'ont pas la prétention d'être absolument conformes à la réalité. Il ne possède pas, en effet, un plan à grande échelle de l'ouvrage, et, d'autre part, les améliorations apportées sous le coup des événements n'y ont pas été reportées.

Ehrlong était disposé sur la crête d'une hauteur se

détachant de la colline du Dragon presque perpendiculairement à cette dernière. Cette hauteur était séparée de la colline par un ravin, mais elle présentait une étendue suffisante pour installer les locaux du fort. Toutefois, et sans doute pour augmenter le terrain battu en avant, on avait reporté l'ouvrage en arrière, de sorte que les fossés de gorge avaient une contrescarpe en remblai.

Le fort comprenait une face et deux flancs dont le parapet était brisé vers le milieu. Le fossé de face, creusé dans le roc avec une escarpe et une contrescarpe presque à pic, avait 8 m de largeur et 6 m de profondeur. Aux saillants, les fossés des flancs avaient une profondeur suffisante, mais elle allait graduellement en diminuant et, aux angles de gorge, cette profondeur atteignait à peine 1,75 m. Les fossés de gorge dans leur partie médiane étaient profonds de 6 m, mais aux angles ils avaient également une hauteur insignifiante.

Le flanquement des fossés de face et de flanc était assuré par des coffres de contrescarpe. Celui de droite présentait des embrasures à des niveaux très différents, car sur les flancs le fond du fossé était beaucoup plus bas que sur la face. On y accédait par une poterne passant sous le fossé de face. Du milieu de cette poterne, on s'était proposé d'en faire déboucher une autre aboutissant au coffre de contrescarpe flanquant le fossé du flanc gauche, mais elle n'était pas commencée au début du siège et la communication avec le coffre se fit par le fossé dudit flanc.

La poterne débouchait dans la cour du fort ; elle se terminait à gauche par une casemate abritant les canons destinés à repousser les assauts et à droite par un magasin à poudre et à munitions. Le parapet qui la recouvrait était en grande partie en terrain naturel surmonté seulement d'une couche de 60 à 90 cm de terre rapportée pendant la période de mobilisation.

Vers le milieu de la cour du fort et touchant au parapet

du flanc droit, s'élevait une batterie bétonnée pour quatre canons de 15 cm (1 920 kg). Elle occupait le sommet de la hauteur ; le terrain naturel avait été surmonté d'une faible couche de terre rapportée au moment de la mobilisation. Pour permettre à la batterie de couvrir de ses shrapnels le terrain en avant du fort, on s'était proposé d'abaisser quelque peu le parapet d'infanterie de la face, mais on n'eut pas le temps de le faire jusqu'à la déclaration de guerre. D'autre part, les décombres provenant de la fouille des fossés avaient encore contribué à augmenter l'angle mort. Finalement on s'en tint à la solution de tirer seulement sur le glacis et, pour remédier au défaut d'avoir une zone non battue qui s'étendait sur une longueur de 900 m, on construisit un retranchement en avant.

Pour que les fantassins pussent rester sur le parapet lorsque la batterie était en action, on avait découpé en arrière du talus intérieur un petit fossé qui permettait de tirer assis.

Sous le rempart de gorge, se trouvait une caserne bétonnée pour la garnison. Elle avait l'aspect d'un long couloir de 2,7 m de largeur et de 3,6 m de hauteur, éclairé par des fenêtres de 0,7 × 1 m² donnant sur le fossé de gorge. Une poterne reliait la caserne à la cour du fort. Primitivement, cette poterne se terminait par un passage couvert parallèle au fossé de gorge (*courant d'air*)[1], mais comme les ouvertures de ce passage étaient prises d'enfilade, on s'empressa de les protéger par des traverses.

Le parapet de gorge était constitué en grande partie par des terres rapportées au moment de la mobilisation. Pour hâter le travail, le talus intérieur fut revêtu en tonneaux à ciment remplis de pierres.

---

(1) L'auteur désigne par cette appellation les passages couverts, qui constituent en effet des *courants d'air*.

Une tranchée ouverte dans le parapet permettait d'accéder directement de la cour du fort sur la partie supérieure de la caponnière de gorge. De là on pouvait sortir de l'ouvrage par un petit pont en bois lancé sur le fossé. Cette partie supérieure de la caponnière était pourvue d'un parapet de 90 cm de hauteur, de façon à pouvoir flanquer les approches de Songchouchan et de Panlong-ouest.

Le flanc gauche du fort était si bien découvert de la montagne Takouchan que l'ennemi pouvait dénombrer les tireurs qui se trouvaient sur le parapet. Pour remédier à cet inconvénient, on élargit la banquette de tir et on construisit une traverse parados. Le flanc droit étant pris d'enfilade par la montagne du Loup, on fit tous les 4 m des traverses perpendiculaires à la crête de feu. Tout le long de celle-ci, on organisa des embrasures avec des sacs à terre, mais, après la bataille de Nanchan, qui démontra toute l'utilité des blindages contre les shrapnels[1], on en fit sur tous les parapets d'infanterie du fort. En outre, il fut ordonné : sur le flanc gauche de placer des planches jointives reposant sur la traverse parados et sur le parapet et de les recouvrir d'une couche de terre de 60 cm; d'opérer de la même façon entre les traverses du flanc droit. On réalisa ainsi des sortes de galeries couvertes sur les deux flancs.

Pour atténuer l'angle mort qui existait sur tout le pourtour du fort, on délarda d'abord le glacis à droite et en avant, puis on construisit un retranchement à fort profil en avant et tout le long du flanc gauche. Ce retranchement partait du dessus du coffre de contrescarpe nord-est et revenait se souder au mur chinois. Ce n'est que par ce moyen qu'on réussit à battre suffisamment les escarpements du nord et de l'ouest.

Aux saillants du parapet, on avait ménagé des bar-

---

[1] Voir *Revue du Génie,* 1906, t. XXXII, p. 469.

bettes pouvant recevoir chacune deux canons contre l'assaut, soit au total huit canons. Toutefois, il n'existait d'abris que pour deux canons, et encore le passage couvert ou *courant d'air,* qui aurait permis d'amener ces canons sur la barbette, avait été bouché à droite par des sacs à terre pour éviter la prise d'enfilade dudit passage. A gauche, celui-ci était resté libre, mais il existait une différence de niveau de 3,6 m entre le sol de ce courant d'air et la barbette. La rampe qui aurait permis d'y accéder était très raide et les expériences de roulement exécutées au commencement du siège montrèrent qu'il serait difficile d'amener les canons de l'abri sur la barbette. On y renonça donc et les canons furent laissés sur le parapet dans une sorte d'abri obtenu en entaillant le talus intérieur.

Les fossés de la face et de la gorge étaient sensiblement au même niveau, mais il existait une dénivellation assez grande entre les portions de la cour du fort situées en arrière et en avant de la batterie ; elle atteignait et dépassait même 90 cm. Il en résultait qu'à chaque pluie les eaux se réunissaient dans la cour avant et, comme elles n'avaient pas d'autre issue, elles pénétraient dans la poterne, puis de là dans le coffre de contrescarpe double, dont elles transformaient l'étage inférieur en citerne. Les soldats qui occupaient cette partie inférieure ne pouvaient échapper à cette inondation qu'en sortant dans le fossé par les embrasures très étroites. Cette mauvaise disposition constituait un grave défaut.

La caserne de gorge avait été construite pour une compagnie à l'effectif de paix, de sorte qu'une compagnie à l'effectif de guerre ne pouvait s'y loger qu'en occupant la poterne et les abris ; mais, comme il n'avait été prévu ni magasins, ni cuisines, ni chambres d'officiers, ceux-ci devaient chercher un refuge dans les coffres ou dans le magasin à munitions de la poterne du coffre double. Dans le passage couvert conduisant à la poterne de la caserne, on avait disposé des tonneaux avec de l'eau et deux canons contre l'assaut. On construisit un magasin pour les mines et les grenades à main et on aménagea des cuisines à l'extrémité de la caserne. Lorsque, dans la période des attaques rapprochées, on renforça la garnison d'une compagnie, on dut organiser une seconde rangée de lits de camp. Le resserrement était extrême et l'air chargé d'impuretés et de miasmes, car il n'y avait aucun système de ventilation et l'éclairage était obtenu par de mauvaises lampes à pétrole dont la fumée rendait l'air encore plus irrespirable. Il n'existait pas de water-closets et l'accomplissement des besoins naturels se faisait dans le fossé de la caponnière de gorge, du côté opposé aux coups dirigés sur elle par l'artillerie ennemie.

La caserne avait une sortie dans le fossé à l'est de la caponnière, mais de là il était impossible de quitter le fort; aussi ses occupants furent-ils très reconnaissants aux Japonais, lorsque ceux-ci eurent réussi par un tir bien réglé à démolir la contrescarpe de gorge en produisant ainsi une rampe des plus nécessaires.

Dans la caserne, il existait une station téléphonique reliée à l'état-major du secteur et au général en chef par des fils aériens.

Tel était l'état du fort au moment de l'investissement. Pendant les cinq mois du siège, il soutint de nombreux assauts et tout ce qui peut résulter d'une attaque progressive. Voici ce qu'on peut en déduire.

ÉTABLISSEMENT SUR LES FORTS DE CANONS DE GROS CALIBRE

Quand, le 19 août, à 6 heures du matin, commença le premier bombardement, la batterie de canons de 15 cm essaya d'entrer en lutte avec les batteries assiégeantes, elle fut rapidement réduite au silence en raison de sa visibilité au milieu du fort et de l'installation à découvert de ses pièces. Rien donc d'étonnant à ce que, dès 11 heures du matin, le général Gorbatovski, commandant la défense du front est, ait téléphoné au commandement : « Sur Ehrlong, tous les grands canons sont détruits. »

La batterie s'était tue, mais l'ennemi n'en avait pas moins continué à diriger sur elle ses obus et ses shrapnels. Il était clair d'ailleurs qu'il avait décidé de réduire la batterie au silence. Il tirait juste et ses coups portaient sinon sur la batterie, du moins sur les autres parties du fort : escarpe, fossé, parapet, cour, etc., détruisant les meurtrières, perçant les blindages, blessant et tuant des hommes, ricochant ou tombant dans un tonneau à ciment dont les pierres s'éparpillaient de tous côtés. Il devint évident dès lors qu'une batterie de canons de gros calibre établie sur le fort ne pourrait être pour ce dernier qu'une cause de dommages et de ruines.

On réussit néanmoins à réparer les canons endommagés au moment du premier bombardement et la batterie continua à fonctionner jusqu'à la fin. Souvent, lorsqu'on signalait au loin un but en mouvement, voitures, cavalerie, colonne d'infanterie, on lui ordonnait de diriger son feu de ce côté, mais à peine avait-elle eu le temps de tirer ses premiers coups de canon et de régler son tir, qu'elle recevait une volée de projectiles de l'artillerie adverse. La batterie se taisait rapidement sans avoir eu le temps de produire aucun effet. On en concluait qu'il ne fallait pas essayer de laisser sur le fort des canons visibles tirant à longue portée sur des buts mobiles et qu'il valait beaucoup mieux les dissimuler et effectuer un tir au goniomètre. Malheureusement, on ne pouvait y songer à ce moment, en raison du manque d'expérience et de pratique de ce tir en temps de paix.

Finalement, on voit d'après cela qu'il est désirable *de ne pas laisser sur les forts les canons de gros calibre.*

NÉCESSITÉ DES OBSERVATOIRES ET DES GALERIES POUR LES TIREURS

Il a déjà été relaté dans le chapitre IV, à propos des attaques brusquées, avec quelle facilité les Japonais avaient pu s'élancer à l'assaut des redoutes Panlong sans que leurs mouvements aient été signalés par les forts voisins et en particulier qu'Ehrlong n'avait vu ni quand ni comment Panlong-ouest avait été pris, et qu'en conséquence il ne lui avait apporté aucune aide.

Kikouan-nord, ayant risqué de soutenir Panlong-est, ne resta bientôt plus qu'avec 40 défenseurs (sur 350) et perdit 5 canons et 2 mitrailleuses (message téléphoné n° 29).

On est donc amené à formuler cette deuxième conclusion : *nécessité d'avoir sur les forts des observatoires, des galeries pour tireurs, des abris pour mitrailleuses et des caponnières intermédiaires à l'épreuve.*

COMMUNICATIONS SÛRES A L'INTÉRIEUR DES FORTS

La garnison d'Ehrlong était scindée en deux parties : un peloton de service était logé dans l'abri pour les canons contre l'assaut de la face et les trois autres dans la caserne de gorge, où se tenait également le commandant du fort. L'abri et la caserne étaient reliés par le téléphone, mais il fut rapidement détruit. La communication entre eux ne se faisait donc plus qu'à découvert par la cour, et la distance qui les séparait était de 90 m.

Les hommes de service devaient se rendre dans la caserne pour y chercher leur nourriture, prendre les ordres du commandant, satisfaire à leurs besoins naturels dans le fossé de la caponnière de gorge... Aussi beaucoup d'entre eux furent-ils tués ou blessés pendant le premier bombardement. Il en résultait que les autres préféraient souffrir de la faim ou subir d'autres privations en attendant une accalmie. Cette situation anormale se reproduisait à chaque bombardement, de sorte que l'abri de la face et la caserne de gorge étaient comme deux îlots sans communication. Lorsque l'ennemi s'approcha de plus en plus et occupa le glacis, la traversée de la cour, même dans les moments de calme relatif, devint tout à fait impossible et il fallut y creuser un chemin de communication en zigzag. Malheureusement les bombes et obus brisants le détruisaient continuellement, et dans le sol rocheux il était bien difficile de le réparer ou de le creuser à nouveau.

Il ressort donc de là : *la nécessité de pratiquer des communications à l'épreuve entre la caserne de gorge et l'abri affecté aux hommes de service sous la face du fort.*

ABRIS POUR CANONS CONTRE L'ASSAUT

L'artillerie d'un fort, qui ne doit comprendre que des canons de campagne à tir rapide, se subdivise en deux parties : l'une doit défendre les intervalles et soutenir les forts voisins et constitue l'armement de la caponnière d'arrière ; l'autre sert principalement pour repousser les troupes d'assaut et pour battre les approches immédiates de l'ouvrage. Ces derniers canons sont emmagasinés jusqu'au dernier moment dans des abris particuliers d'où on les sort pour les amener sur les barbettes des angles saillants.

Ainsi qu'on l'a déjà dit précédemment, au fort Ehrlong, deux de ces canons étaient remisés dans un abri voisin du débouché de la poterne du coffre nord-est dans la cour. Les débouchés du courant d'air contigu se trouvaient à 25 m des barbettes et à 3,6 m en contre-bas. Les rampes d'accès étaient par suite très raides (1/4).

Cette grande distance à parcourir sur une pente très dure exigeait la présence de dix hommes et deux minutes et demie pour amener un des canons en batterie. En temps de pluie, il fallait presque doubler l'équipe et pas moins de trois minutes. Cette manœuvre sous le feu de l'ennemi était beaucoup trop longue et presque tous les servants étaient mis hors de combat. Aussi, dès le premier jour du bombardement, les artilleurs renoncèrent-ils à remiser les canons sous l'abri, qui fut occupé par l'infanterie.

Cet abri avait aussi un inconvénient : il débouchait dans le courant d'air dont la sortie est était vue et prise d'enfilade par la montagne Takouchan. On avait cherché à pallier ce défaut dès le début en masquant cette ouverture par une traverse, mais, le premier jour du bombardement, un obus tomba dans un angle du courant d'air et un autre démolit la traverse ; aussi se hâta-t-on de fermer complètement la sortie (c'est ce qui est indiqué sur la planche II). Le même fait se passa dans d'autres forts et eut des conséquences plus graves, car la chute des projectiles dans le courant d'air, qui était toujours rempli d'hommes cherchant à respirer un peu d'air pur, occasionna des accidents nombreux. C'est ainsi que, dans un fort, il y eut du même coup cinquante hommes indisponibles et dans un autre sept.

Des considérations précédentes, il résulte que : *les sorties des abris des canons contre l'assaut doivent être aussi rapprochées que possible des barbettes qui recevront ces pièces et que la dénivellation ne doit pas être très forte; pour les débouchés des poternes ou abris, les courants d'air doivent être à l'épreuve des projectiles et non soumis au tir d'enfilade*. Sans cette dernière observation, le courant d'air le plus utile jouera le rôle le plus néfaste.

ARMEMENT DES FORTS

Ainsi qu'on l'a déjà dit, l'artillerie des forts ne devra comporter que des pièces destinées à repousser les troupes d'assaut et ne commencera donc à agir qu'au moment où les colonnes ennemies seront déjà très rapprochées de l'ouvrage. La durée de son action sera donc très limitée et on conçoit aisément qu'elle devra lancer un grand nombre de projectiles dans un court laps de temps. En un mot, elle devra être à tir rapide et ne pas être composée, comme dans la plupart des forteresses, de vieux canons de campagne qui ne satisfont nullement à ces conditions.

Si l'on remise ces canons à tir rapide dans des abris d'où on les amène sur les barbettes des saillants au moment de l'assaut, l'ennemi connaîtra leur position et par suite leur champ d'action. Il s'efforcera alors d'éviter l'angle dangereux, ainsi que cela s'est passé le 29 octobre aux assauts d'Ehrlong. Les Japonais, en effet, après avoir couronné la crête des glacis et s'être emparés des coffres, n'assaillirent cependant pas la face de l'ouvrage où il existait quatre canons contre l'assaut, mais attaquèrent le flanc gauche, bien que celui-ci pût être soutenu par Songchouchan.

On aurait la ressource, il est vrai, de changer les canons de place au moment de l'assaut, mais cette opération est bien délicate et très aléatoire, si l'on songe qu'à ce moment critique, l'artillerie ennemie allongera son tir et couvrira de projectiles l'intérieur du fort. Il serait donc désirable de posséder, outre les canons à tir rapide, quelques mitrailleuses transportables pouvant se fixer aisément en un point quelconque du parapet.

Les avis sont très partagés concernant l'usage des mitrailleuses. Les uns voudraient qu'elles prennent complètement la place des canons. Les autres donnent la préférence à ces derniers.

Incontestablement, les mitrailleuses peuvent jouer un très grand rôle pour repousser un assaut, mais on peut cependant leur reprocher de ne pas lancer des projectiles d'une puissance de pénétration suffisante. On en eut un exemple aux assauts de Songchouchan. Les Japonais rampaient en se protégeant avec des sacs, des boucliers ou des cuirasses et les mitrailleuses ne pouvaient rien contre eux, tandis que les shrapnels des canons en avaient facilement raison.

Il semble donc imprudent de renoncer aux canons, qui auront une action sur les approches du fort et dont le rôle cessera lorsque les colonnes ennemies atteindront le parapet; c'est alors qu'un grand nombre de mitrailleuses contribueront à repousser les assaillants. Il sera bon de doter chaque mitrailleuse d'un observateur, car cela réussit parfaitement à Ehrlong.

Les mitrailleuses sont, du reste, l'un des meilleurs systèmes de flanquement des fossés et rendront aussi de grands services pour la défense des intervalles.

Les petits canons de 37 mm provenant des vaisseaux de l'escadre se montrèrent très utiles dans les forts où on les installa sur les flancs. Ils tiraient aussi bien sur des unités isolées que sur des groupes jusqu'à une distance de 2 km. A cette distance, il paraît inutile de dépenser des coups de canons de 7,5 cm, qui n'auraient pas grande action, tandis que le rendement des canons de 37 mm est très grand.

CASERNE POUR LA GARNISON
ET COMMUNICATION DES FORTS AVEC LA PLACE

La caserne pour la garnison a sa place tout indiquée sous le rempart de gorge : c'est là qu'elle se trouve le plus en sécurité contre les obus. L'organisation de celle d'Ehrlong était loin d'être idéale; elle n'avait que des défauts. Elle était en effet étroite, resserrée, avec peu d'air et de lumière; il n'existait ni ventilation, ni locaux pour les officiers, ni cabinets, ni communications sûres avec la face du fort et avec l'arrière; une sortie unique donnait accès dans la cour et une autre dans le fossé. Les cinq premiers défauts eurent pour effet d'engendrer différentes maladies. Par suite du manque de logement pour les officiers, ceux-ci durent occuper un passage au milieu des canons dans la caponnière de gorge. La pénurie de magasins conduisit à ce résultat que les vivres et les munitions (bombes à main, pyroxyline, mines...) étaient entreposés sous les lits de camp. Le courant d'air était encombré de tonneaux d'eau. L'absence de water-closets et de communications avec la face du fort causèrent un grand nombre de victimes pendant le bombardement. L'unique sortie dans la cour et dans le fossé de gorge se passe de commentaires, et ce défaut capital se montra le 31 décembre lorsque la garnison fut faite prisonnière. La porte débouchant dans le fossé fut en effet bouchée par un éboulement et la sortie dans la cour détruite par une explosion.

Quelques ingénieurs prétendent qu'il ne faut pas généraliser cet exemple, parce que l'occlusion de la sortie dans la cour se produisit fortuitement par la déflagration de petites bombes qui y avaient été déposées. Mais il semble parfaitement indifférent d'épiloguer sur les causes de l'explosion. Le fait est le fait. La sortie unique est comblée et l'ouvrage demeure sans défenseurs!

Il faut absolument chercher à supprimer toutes les défectuosités signalées précédemment, sinon on n'aura pas le droit de dénommer caserne l'abri ainsi créé, mais de le considérer seulement comme un blindage un peu moins imparfait que les autres. On insiste donc pour l'organisation de : deux sorties couvertes de la caserne dans la cour du fort et deux autres découvertes dans le fossé de gorge; d'une communication souterraine entre la caserne et les abris de la face et des flancs d'une part et avec le terrain en arrière du fort. Celle-ci devra déboucher dans un endroit parfaitement défilé et sa nécessité résulte d'ailleurs des circonstances ci-après.

Au moment de l'assaut, l'ennemi allongera son tir et couvrira de projectiles, non seulement l'intérieur du fort, mais encore une bonne partie du terrain en arrière de la gorge, c'est-à-dire les communications de l'ouvrage avec le noyau central de la forteresse. Ce fait s'est produit souvent dans le cours du siège et on peut citer en particulier l'exemple suivant : le 22 août, le général Kondratenko, qui se trouvait alors à quelques centaines de mètres d'Ehrlong, dépêcha au capitaine von Schwarz qui s'y trouvait enfermé, un planton qui partit à 11 heures du matin. Le feu était alors si violent sur le fort et sur le terrain en arrière, que ce planton ne put pénétrer dans le fort qu'à 4 heures de l'après-midi.

Bien plus, à chaque bombardement, on devait cesser absolument les réapprovisionnements en vivres et en eau et les défenseurs avaient la sensation d'être tout à fait isolés. Les troupes de secours n'arrivaient jamais au complet. Ainsi, à Kikouan-nord et à Ehrlong, il ne parvenait, au moment des assauts, presque jamais plus de la moitié des réserves expédiées de la place.

ABRIS POUR LES HOMMES DE SERVICE

Afin d'avoir les défenseurs le plus près possible de la ligne de feu, la garnison d'Ehrlong était divisée en deux parties : trois pelotons se trouvaient dans la caserne de gorge et le quatrième peloton, qui constituait les hommes de service, occupait les refuges des canons contre l'assaut ainsi que le magasin à poudre de la face. Mais ces locaux n'étaient nullement préparés pour une telle destination ; ils n'avaient, en effet, ni fenêtres, ni portes, ni poêle, ni cabinets, ni moyens de ventilation. C'étaient de simples casemates en communication avec le courant d'air couvert d'une part et de l'autre avec la poterne qui conduisait aux coffres de contrescarpe. Il en résultait qu'elles étaient constamment parcourues par de violentes bouffées d'air qui augmentaient encore la fumée produite par les lampes à pétrole et qui causaient des refroidissements et des maladies chez les occupants.

Le refuge pour les hommes de service doit être construit spécialement pour ce but et satisfaire à toutes les conditions qui sont demandées pour une caserne de gorge, il ne doit en différer que par les dimensions.

Son emplacement est tout indiqué vers le milieu de la face. Il doit posséder une sortie dans la cour du fort et être relié par des galeries avec les refuges des canons contre l'assaut. Dans ces galeries, on doit pratiquer des ouvertures de faible hauteur pour que les hommes puissent accéder sur la banquette de tir, mais en prenant toutes les précautions nécessaires pour ne pas diminuer de ce fait la longueur de la crête de feu. Dans des ébrasements pratiqués à la partie supérieure du béton de ces galeries, on dispose des boucliers métalliques mobiles à rabattement pour abriter chaque tireur contre les shrapnels et les balles. En temps normal, ces boucliers sont rabattus, mais au moment de l'action on les maintient relevés au moyen de bras appropriés. Pour empêcher les éclats des projectiles de pénétrer dans les galeries par les ouvertures débouchant sur le parapet, on peut garnir celles-ci de portes. Les galeries ont comme dimensions $1,8 \times 2,4$ m².

TÉLÉPHONES ET SIGNAUX

On a montré à la page 129 la nécessité d'établir des abris blindés pour les sentinelles qui observeraient le terrain dans le voisinage du fort, dans le but de signaler l'arrivée de l'ennemi en temps opportun. Lorsque celui-ci n'est pas en grand nombre, la sentinelle peut en avoir raison avec une mitrailleuse, mais s'il se présente en troupes plus serrées, elle doit en référer immédiatement au commandant du fort, mais sans toutefois quitter son poste. Pour cette transmission, il n'est guère possible d'envoyer un planton qui peut être tué pendant le trajet. Il est donc alors très utile d'avoir une ligne téléphonique entre la caserne et l'observatoire. La production de signaux à l'aide de sonneries électriques entre les postes détachés serait aussi très désirable. Lorsqu'en effet, la sentinelle apercevrait quelqu'un sur les approches du fort, elle attirerait d'abord l'attention des défenseurs par la sonnerie en même temps qu'elle informerait le commandant par le téléphone.

A Port-Arthur, on a eu le plus grand tort de négliger ces simples mais très utiles moyens techniques. Comme on l'a déjà dit, on opérait souvent comme il suit : sur le parapet se tenait une sentinelle qui observait à travers les embrasures des visières ou derrière une traverse; elle transmettait ses observations à un autre homme placé en arrière et s'abritant également derrière un masque quelconque. Ce dernier était en relation avec la caserne et voyait si son camarade n'était pas tué. Mais parfois il arrivait qu'ils étaient tous les deux mis hors de combat; le fort se trouvait ainsi privé d'observateurs et l'ennemi en profitait pour s'avancer. *Pour que l'observation soit utile, elle doit être ininterrompue et par conséquent il faut avoir des abris blindés avec des téléphones protégés contre les détériorations.*

Le fort doit donc posséder son propre réseau téléphonique qui doit être construit dès le temps de paix avec lignes et appareils indestructibles. Quatre ou cinq téléphones seront placés dans la caserne et de là rayonneront des lignes aboutissant aux observatoires, au refuge pour les hommes de service et à la caponnière d'arrière.

Outre ce réseau, le fort doit pouvoir communiquer téléphoniquement par des lignes souterraines avec les forts voisins et avec le commandant de secteur.

Ehrlong était relié à la place par une ligne téléphonique aérienne, mais elle fut rompue un nombre incalculable de fois et toujours au moment le plus critique : celui des assauts. Il existait aussi en avant du fort des câbles de transmission du feu aux mines, enterrés de 30 à 45 cm, mais, quand il pleuvait, ils ne fonctionnaient pas par suite du mauvais isolement des fils.

ÉPAISSEUR DES VOÛTES BÉTONNÉES

Quelle que soit leur ouverture, les voûtes bétonnées des casernes, des refuges pour canons contre l'assaut, des coffres et autres casemates des forts de Port-Arthur avaient uniformément 90 cm d'épaisseur. On espérait qu'elles résisteraient convenablement aux bombes de 15 cm et en fait elles soutinrent l'expérience avec honneur. Le lieutenant-colonel von Schwarz a eu l'occasion d'observer la chute de ces bombes et d'en vérifier les dégâts.

Dans la majorité des cas, lorsqu'une bombe tombait sur le mur en béton lui-même, les explosions produisaient un trou de 8 à 10 cm de profondeur et de 30 à 45 cm de diamètre. Sur le sommet des voûtes, l'entonnoir avait 10 à 13 cm de profondeur et autant de diamètre. Avec deux bombes tombant au même point, l'entonnoir s'approfondissait de 3 à 5 cm et le diamètre atteignait 60 cm. Il se détachait en outre à l'intrados de la voûte des morceaux de béton de 2,5 à 4 cm d'épaisseur. On constata maintes fois des chutes ainsi répétées. La destruction s'accentuait et on apercevait à la surface du béton des fendillements très fins.

Les trous produits par les bombes sur le dessus des voûtes et sur les piédroits se réparaient assez facilement pendant la nuit, mais le dommage était beaucoup plus sérieux lorsque les arêtes étaient atteintes. Des morceaux de béton de 1,05 cm de longueur, de 45 à 60 cm de large se détachaient d'un seul coup. Il était impossible de bétonner à nouveau de si larges brèches, car ce béton n'avait pas le temps de faire prise et se trouvait désagrégé par les secousses provenant de la chute des projectiles sur d'autres emplacements. La destruction des constructions bétonnées commence donc et se continue par les arêtes saillantes. De la terre rapportée, même sous une faible épaisseur de 1,35 à 1,5 m, préservait parfaitement les voûtes contre la chute des bombes de 15 cm.

L'apparition des bombes de 28 cm changea la face des choses. Elles perçaient facilement les voûtes épaisses de 90 cm et il y eut même des cas où ces bombes traversèrent les voûtes sans éclater. Beaucoup d'ingénieurs attribuent ces effets destructeurs à la mauvaise qualité du béton. L'auteur, qui n'a pas pris part à l'édification des forts de Port-Arthur et qui n'a pas eu l'occasion de soumettre à des essais techniques le béton des voûtes dont il s'agit, ne peut donner une réponse positive à ce sujet. Il ne croit cependant pas à la mauvaise qualité des matériaux. Si, en effet, les voûtes ont résisté à l'action des bombes de 15 cm contre lesquelles elles ont été construites, c'est donc que le béton qui les constituait était bon et si elles n'ont pu subir le choc de la force vive des projectiles de 28 cm, il semble qu'on doive en chercher la cause dans l'épaisseur des voûtes et non dans la qualité du béton.

Tout le monde sait que l'épaisseur des voûtes doit s'accroître proportionnellement avec le diamètre des projectiles auxquels elles doivent résister. Dans le cas actuel, le diamètre de ceux-ci était presque doublé et il devait en être de même de l'épaisseur des voûtes. Puisque celles-ci ont été percées, il s'ensuit donc qu'on doit en augmenter les dimensions. Mais de combien ?

Il semblerait suffisant de les doubler, si les luttes de Port-Arthur n'avaient démontré que la chute de deux projectiles au même endroit d'une voûte épaisse de 1,5 m n'avait laissé qu'une épaisseur de 45 cm de béton. Encore celui-ci n'était-il plus un monolithe, ce qui fait supposer qu'un troisième projectile aurait traversé la voûte. Cette circonstance, jointe à la possibilité de l'emploi de projectiles d'un calibre supérieur à 28 cm et possédant une charge d'explosifs encore accrue, montre la nécessité de donner aux voûtes une épaisseur telle qu'elles puissent supporter sans être percées les chutes successives de trois projectiles. Il faudrait donc porter l'épaisseur à 2,75 m environ. Au premier regard, ce chiffre paraît exagéré, mais il ne faut pas songer à le diminuer lorsqu'il sera impossible de recouvrir le béton d'une couche plus ou moins épaisse de terre. L'influence de cette couche de terre contre les effets des bombes de 28 cm est très importante, si on en juge d'après les faits ci-après.

1° Sur Ehrlong, on avait fait un remblai de terre sur les traverses bétonnées de la batterie. L'épaisseur des voûtes n'était que de 90 cm et elles étaient recouvertes d'une couche de terre également de 90 cm. Une bombe de 28 cm tomba sur l'une d'elles et éclata en produisant au point d'impact un trou profond de 23 cm avec des fendillements très fins sur le reste de la voûte ;

2° Au-dessus du courant d'air et de la poterne adjacente de la caserne on avait fait un remblai de terre de 1,05 m et par-dessus un lit de décombres et de cailloux de 45 cm, ce qui donnait une couche totale de 1,5 m surplombant la voûte de 90 cm.

Des chutes fréquentes de bombes de 28 cm ne firent un entonnoir que dans le remblai et la voûte resta intacte jusqu'à la fin du siège. Toutefois, après l'éclatement de chaque projectile on rebouchait rapidement l'entonnoir. Il y eut même une bombe de 15 cm qui éclata dans l'entonnoir que venait de produire un obus de 28 cm et la voûte n'en souffrit pas davantage ;

3° Sur ce même fort, on avait fait un remblai de terre glaise de 1,5 m d'épaisseur (tous les 30 cm il y avait des couches de clayonnage). Des bombes de 15 cm y tombèrent sans endommager aucunement les voûtes.

Tous ces exemples montrent clairement que la terre rapportée amortit non seulement la force vive du projectile, mais encore qu'elle affaiblit la force de l'explosion elle-même. Il est démontré également qu'une couche de terre de 1,5 m ne produit pas bourrage. L'observation d'autres chutes dans des terres rapportées d'au moins 4,2 m (au-dessus de la caserne) a conduit à la même conclusion.

Il semblerait donc possible dans certains cas de diminuer l'épaisseur de 2,75 m proposée pour les voûtes. Toutefois, cela ne serait-il pas extrêmement risqué ?

Ne signale-t-on pas l'apparition d'obusiers de 30 cm en Allemagne et de ceux de 45 cm dans un autre pays ? Quelle charge merveilleuse d'explosifs ne possèdent-ils pas ? Est-ce qu'il ne conviendrait pas de prévoir les progrès accomplis par l'artillerie en cherchant à s'y soustraire ? Est-ce qu'il ne vaudrait pas mieux dès maintenant construire des locaux à l'épreuve des plus gros projectiles, plutôt que de remanier et transformer demain tous les locaux des forts ? Ne faut-il pas se rappeler que les Allemands parlent déjà de la création d'un nouveau mortier et n'ont-ils pas les meilleures raisons pour s'avancer ainsi ?

S'il est admis que l'épaisseur des voûtes des locaux à l'épreuve des forteresses contemporaines est réglée par des conditions bien déterminées, on ne s'explique pas trop pourquoi on la fait varier avec la nature desdits locaux. Pourquoi donner le maximum aux voûtes des magasins à poudre, puis un peu moins à celles des casernes et le minimum à celles des poternes, refuges et courants d'air ? Se guide-t-on pour cela sur l'ouverture des voûtes ou l'importance des locaux ? Mais on sait que l'ouverture dépend souvent du type de construction et qu'il y a des casernes avec des locaux de 5,4 m de largeur et d'autres qui n'ont que 2,7 m ; et l'épaisseur restera la même ([1]) !

Au point de vue de l'importance, on ne comprend pas pourquoi un magasin à poudre ou à munitions l'emporte sur une caserne et celle-ci sur une poterne ou le courant d'air qui termine sa sortie dans la cour. Si le ciel du magasin est percé, ce sera la perte de quelques projectiles. Si le plafond d'une caserne est traversé, on aura à déplorer la disparition d'une portion sérieuse sinon de toute la garnison du fort. Si enfin la voûte d'un courant d'air est détruite, personne ne pourra plus s'échapper de la caserne, car cela pourra arriver même aux deux sorties.

On ne peut considérer les poternes et courants d'air comme un accessoire secondaire des casernes ; ce sont, au contraire, des parties essentielles du fort, aussi bien que la caserne elle-même. Il ne faut d'ailleurs pas oublier que les magasins à poudre et les casernes sont généralement protégés à l'arrière par une épaisse couche de terre, tandis que les courants d'air n'en ont souvent pas du tout et que les poternes sont recouvertes seulement d'une couche qui va en s'amincissant au fur et à mesure que celles-ci remontent vers le sol de la cour intérieure pour aboutir au courant d'air. En raison de ce fait, il semblerait donc plutôt qu'on dût augmenter l'épaisseur des voûtes des poternes et courants d'air au lieu de la diminuer.

([1]) Il en était ainsi pour beaucoup de constructions de Port-Arthur.

Faut-il appliquer cette discussion aux voûtes des refuges des canons contre l'assaut et aux caponnières d'arrière ? D'après ce qui a été dit précédemment, on sait que la défense des intervalles et du fort lui-même est assurée à la fois par le feu de l'artillerie et par celui de l'infanterie. Aurait-on raison, alors, de chercher à économiser quelques milliers de francs en diminuant la voûte des locaux dont il s'agit de 30 ou de 45 cm en risquant ainsi de perdre la possibilité de tirer ?

La conclusion qui s'en dégage, c'est qu'il faut mettre tous les locaux des forts à l'épreuve des bombes, qu'ils ont tous la même importance et qu'il n'y a aucune raison de donner la préférence à quelques-uns d'entre eux au détriment des autres. L'épaisseur des voûtes doit être la même pour tous et on doit lui donner au moins 2,75 m, de façon à ce qu'elle soit considérée comme suffisante non seulement immédiatement, mais encore dans une dizaine d'années au minimum.

OBSTACLES CONTRE L'ASSAUT ET FOSSÉS

Au début de ce chapitre, on a dit qu'un fort devait, pour remplir complètement son rôle de point de soutien, posséder des obstacles suffisamment résistants contre l'assaut.

Le siège de Port-Arthur a montré que l'obstacle le meilleur et le plus difficile à surmonter consistait en de profonds et larges fossés avec escarpe et contrescarpe à pic. Si de pareils fossés sont pourvus d'un bon flanquement, leur passage est si aléatoire, que l'ennemi aura de la peine à s'y décider. De fait, les Japonais ne l'ont jamais tenté.

Le 21 août, ils se disposaient pour l'assaut de Kikouan-nord. Ils avaient préparé des échelles, des ancres avec cordes et autres accessoires ; trois régiments étaient groupés au pied des glacis (¹). ainsi que cela a été rapporté à l'état-major de la place par le commandant du 26ᵉ régiment. Sur le fort, il ne restait plus que quarante défenseurs (²) et cependant les Japonais ne tentèrent pas une attaque de jour et ils attendirent la nuit. Ils ne s'y décidèrent même pas et, à 8 heures du soir, ils se retiraient après avoir laissé sur place leurs échelles.

D'après ce qui a été raconté, leur retraite fut décidée à la suite d'une reconnaissance qui leur démontra qu'il existait dans les fossés des coffres de contrescarpe. Le lieutenant-colonel von Schwarz incline vers cette hypothèse (³), car il est impossible d'expliquer autrement leur retraite. Les forces préparées pour l'assaut étaient trop importantes pour que cela fût une simple démonstration.

Les Japonais mettent cette reculade sur le compte de la trop faible longueur de leurs échelles qui n'auraient pu être jetées en travers des fossés (la longueur de ces échelles n'étant que d'un peu plus de 6 m et les fossés ayant 8 m). Mais elles étaient pourtant suffisantes pour descendre, puisque les fossés de Kikouan-nord n'avaient que 5 m de profondeur. La véritable raison est qu'ils ont reculé devant les difficultés d'un tel assaut et qu'ils ont préféré perdre deux mois en procédant à une attaque progressive pour détruire le coffre de contrescarpe et s'emparer ensuite des fossés. Il semblait qu'après la destruction de cet ouvrage de flanquement et la descente de la contrescarpe, il deviendrait très simple de surmonter l'escarpe, mais celle-ci, taillée dans le roc, remplit parfaitement son but.

A Ehrlong, les Japonais tentèrent maintes fois de monter sur le parapet en dressant des échelles contre l'escarpe, mais ils ne réussirent pas et ils durent se livrer à

(¹) Message téléphoné n° 30.
(²) Message téléphoné n° 29.
(³) Il n'y a pas sur ce fait de rapport officiel.

un travail très pénible dans un sol rocheux pour arriver à détruire ce petit obstacle de 6 m.

La difficulté du franchissement des fossés a été démontrée une fois de plus lors de l'assaut de la redoute de l'Aqueduc. Les Japonais étaient déjà rassemblés dans le fossé peu profond, non flanqué et avec une escarpe en terre et cependant ils ne purent monter à l'assaut et furent repoussés par le 16e gardes-frontières.

Ces faits prouvent l'utilité des fossés qui seront d'autant plus utiles qu'on pourra les rendre plus larges, plus profonds et avec des parois à pic. Il semble donc que les nouveaux forts allemands avec fossés triangulaires et escarpe à terre coulante sont très risqués.

Dans la majorité des forteresses européennes, on constitue la contrescarpe par un mur en béton et on remplace l'escarpe par une grille. Cela est-il bien ?

Ehrlong avait des murs presque à pic, la contrescarpe, en particulier, mais ce fait était dû au hasard et parce qu'on se trouvait dans le roc. Dans la première période du bombardement, l'auteur a souvent observé les effets du tir des obusiers japonais de 15 cm, spécialement sur l'escarpe. Il est probable que l'ennemi ignorait qu'elle était constituée par du roc naturel et il essayait de la détruire. Toutefois, dans sa partie médiane, et en raison de la construction de la poterne, il existait des couches de pierres rapportées que recouvrait un parement en maçonnerie. Beaucoup de projectiles tombèrent sur celle-ci et cependant, en un mois, ils ne réussirent à l'entamer que sur 0,7 m d'épaisseur. Si l'escarpe avait été constituée par une grille, il semble que les projectiles auraient peu à peu diminué la pente du talus d'escarpe et que si les Japonais s'étaient emparés de la contrescarpe, ils n'auraient pas eu de peine à franchir la grille. Des forts avec escarpes en terre munies de grille paraissent donc devoir offrir deux fois moins de résistance que ceux de Port-Arthur.

Cette question du type rationnel d'escarpe à adopter apparaît donc comme très importante. Le lieutenant-colonel von Schwarz pense qu'il est nécessaire de revenir au type antérieur de mur d'escarpe, mais en le bétonnant. Il sera sans doute endommagé par le tir de plein fouet, mais pour lui conserver sa valeur on le fera plus épais. On peut d'ailleurs réaliser des économies en ménageant des retraites et en le construisant plus large en haut qu'en bas. Pour mieux le défiler et le garantir du tir d'artillerie, on organisera un fossé large de 10 m dont le fond sera plus élevé de 3 m, par exemple, au pied de la contrescarpe qu'à celui de l'escarpe. Un talus raccorderait ces deux parties du fond.

COFFRES DE CONTRESCARPE
OU DEMI-CAPONNIÈRES DANS L'ESCARPE?

Une des questions les plus brûlantes résultant du siège de Port-Arthur est celle qui est relative au flanquement des fossés. Les avis des défenseurs de la place, aussi bien que l'opinion de ceux qui n'ont pas pris part à la campagne, ont déjà donné lieu à de nombreuses discussions. Les uns disent que les coffres de contrescarpe n'ont pas servi et que le siège a démontré leur inutilité et leur faillite complète. Les autres prétendent, au contraire, qu'il a confirmé leur énorme importance et le principe qui a guidé à les édifier. Qui a raison? Faut-il abandonner les coffres? Est-il nécessaire d'y apporter des modifications ou vaut-il mieux les remplacer par les anciens types de caponnières et demi-caponnières attachées à l'escarpe?

Pour élucider cette question discutable, il est nécessaire de se rapporter au rôle que le coffre peut jouer.

Dans un paragraphe précédent, on a vu que les coffres de Kikouan-nord avaient eu, le 22 août, un rôle très important, en obligeant les Japonais à renoncer à l'assaut. La même chose se serait sans doute produite si, à la place des coffres, il y avait eu des caponnières. Toutefois, l'apparition des mortiers de 28 cm n'aurait eu aucune influence sur l'existence ultérieure des coffres, tandis qu'il en aurait été autrement avec les caponnières. Il est incontestable qu'avec la justesse de tir des mortiers de 28 cm, qui atteignaient le but au deuxième coup (ainsi que cela a eu lieu sur la batterie d'Ehrlong et, le 1er octobre, sur la caserne de Kikouan-nord), les demi-caponnières auraient été démolies très rapidement. On en a un exemple dans la caponnière de gorge d'Ehrlong, et cependant celle-ci était certes plus abritée que ne le seraient la caponnière double de la face ou les demi-caponnières des flancs.

La sécurité parfaite des forts russes contre la chute des bombes était une précieuse qualité qu'on ne peut nier.

Les adversaires des coffres disent que les Japonais s'en emparaient très facilement : il leur suffisait de s'en approcher, de déposer une charge d'explosifs qui les faisait sauter, et les fossés restaient sans flanquement. Mais ce résultat n'est-il pas imputable aux défenseurs eux-mêmes ? Ainsi, les premiers dégâts causés au coffre de Kikouan-nord furent le fait non pas des bombes japonaises, mais d'un camouflet russe qui produisit une excavation dans le terrain au-dessus de cet organe de la défense et rendit visible sa maçonnerie[1], ce qui donna l'idée aux Japonais de le faire sauter en y déposant une charge d'explosifs. Il en fut de même pour les coffres d'Ehrlong. Dans la description qui a été donnée plus haut de ce fort, on a déjà signalé qu'il existait au pied des glacis un retranchement qui partait de l'angle du

---

[1] Ce fait est rapporté dans un article du journal militaire autrichien *Streffleurs* sur les « Batailles de Port-Arthur ».

flanc droit, ce qui permit à l'ennemi de s'installer juste au-dessus du coffre. Deux semaines auparavant et en prévision de cette approche des Japonais de la crête du glacis, on avait donné l'ordre de creuser une contre-mine débouchant de ce coffre. Or, le remblai au-dessus de celui-ci était constitué par des décombres, de sorte qu'en faisant sauter la partie arrière du coffre pour entrer en galerie, il se produisit un affaissement qui découvrit la partie supérieure de l'organe de flanquement. Aussi bien là qu'à Kikouan-nord, on avait montré aux Japonais ce que l'on avait le plus d'intérêt à leur dissimuler.

Il est bien probable que, si cela ne s'était pas produit, la perte des coffres n'eût été reculée que de deux ou trois nuits, mais il n'en reste pas moins que les forts ne se gardaient pas d'une façon assez énergique. D'ailleurs, en général, on n'avait attribué aucune importance aux coffres, et il est facile de s'en convaincre par les faits suivants.

Au commencement du siège, en juin, il n'y avait pas un seul canon dans les coffres et les pièces de 57 mm qui y étaient affectées se trouvaient en batterie sur le mur chinois. Pour armer les coffres d'Ehrlong, on dut emprunter trois canons de 37 mm aux vaisseaux. Le même mépris s'est affiché à Songchouchan, où on préféra combler les coffres avec des pierres et du ciment plutôt que de faire une contre-mine. Est-il étonnant, après cela, que la garnison les ait défendus si faiblement?

On répète que les coffres n'ont pas eu à tirer et qu'au lieu de descendre dans le fossé malgré eux, l'ennemi préférait s'en emparer, fût-ce par des moyens lents, de façon à les annihiler et à pénétrer ensuite dans le fort. Mais la guerre de forteresse n'est-elle pas une question de temps, et n'est-ce pas déjà beaucoup pour ces coffres que d'avoir reculé de deux mois l'approche de l'ennemi?

Certainement, les coffres auraient pu résister plus longtemps et rendre encore plus de services si on s'en était occupé et si on avait pris des mesures pour leur conservation. Mais que faisait-on? On creusait un trou et on le remplissait par une construction bétonnée; les hommes qu'on y installait ne voyaient rien, la garnison les oubliait et ne les gardait pas, puis on disait : les coffres sont inutiles. Un tel jugement ne peut être porté que par la voix publique, c'est-à-dire par des personnes ne se rendant pas compte de ce qui s'est produit; mais cette question si simple ne devrait même pas être discutée.

On sait pertinemment que les caponnières peuvent être endommagées non seulement par un tir en bombe, mais encore par un tir de plein fouet, tandis qu'il n'en est pas de même pour les coffres. C'est donc déjà un avantage pour ces derniers. Pour éviter leur destruction par des pétardements de l'ennemi, on est, dit-on, amené à construire des contre-mines; mais les caponnières sont exposées aux mêmes inconvénients si on ne prend pas des mesures analogues. S'emparer de la crête du glacis et creuser des galeries passant dans le fond du fossé, ne constituent pas une chose bien difficile dans un terrain ordinaire. La défense par contre-mines d'une caponnière oblige à construire une galerie spéciale dans la contrescarpe, tandis qu'avec l'existence des coffres la chose est aisée et beaucoup moins coûteuse.

La conclusion est donc la suivante : *il faut conserver les coffres, mais en les protégeant mieux par des galeries de contre-mines.*

Quant aux dimensions des maçonneries, on peut donner au mur de face une épaisseur de 90 cm, car il n'est pas exposé aux projectiles, mais on doit porter à 2,75 m celle des voûtes et du mur d'arrière. Cela est d'autant plus nécessaire que, même dans la première période des attaques, l'ennemi peut arriver à se faufiler jusqu'à la contrescarpe et déposer au-dessus des voûtes une charge de dynamite de 15 à 25 kg. Avec 2,75 m les voûtes n'auront rien à craindre et, pour apporter des charges plus grandes, il faudrait beaucoup d'hommes qui auraient alors de la peine à se dissimuler.

ÉTABLISSEMENT DES PROJECTEURS SUR LES FORTS ET ÉCLAIRAGE DES FOSSÉS

Dans un chapitre précédent, on a dit qu'on se proposait d'établir sur les forts trois projecteurs : l'un de grand diamètre, installé sur l'ouvrage lui-même, et deux d'un diamètre moindre formant l'accessoire de la caponnière d'arrière.

Il paraît difficile de désigner exactement l'emplacement du premier de ces projecteurs : cela dépend à la fois du type du fort et des formes du terrain avoisinant. Une première condition à réaliser consiste à ne pas éclairer le fort lui-même, ce qui peut s'obtenir grâce à certaines dispositions. Une deuxième, de rendre l'appareil aussi peu vulnérable que possible, résultat qui sera atteint en lui permettant de pouvoir souvent changer de place. La banquette de tir semble fournir l'un des meilleurs emplacements, puisque l'appareil sera en partie défilé par le parapet, mais, si le fort a un chemin couvert, il sera encore préférable de l'y installer, car on évitera ainsi d'éclairer l'ouvrage.

Suivant l'emplacement qui aura été choisi pour le projecteur, on abritera la dynamo et le moteur soit dans les refuges pour les hommes de service, soit dans les coffres de contrescarpe.

Quoi qu'il en soit, il paraît désirable que le champ d'éclairement de l'appareil soit voisin de 180°, afin qu'il puisse balayer de son faisceau non seulement le terrain en avant, mais encore les approches des forts voisins.

L'importance des projecteurs pour la caponnière d'arrière a déjà été signalée plus haut dans le chapitre VI, ainsi d'ailleurs que les emplacements à leur donner.

La question de l'éclairage des fossés a provoqué entre les défenseurs de Port-Arthur des discussions aussi ardentes que celles soulevées à propos des coffres de contrescarpe. Les uns trouvent absolument nécessaire d'éclairer les fossés, tandis que les autres considèrent que cela est tout à fait inutile.

D'après ses observations personnelles, le lieutenant-colonel von Schwarz résume cette discussion comme il suit.

En éclairant les fossés, on se réserve la possibilité de veiller attentivement à leur sécurité, mais on permet aussi à l'ennemi qui aura réussi à s'approcher de la contrescarpe, de l'examiner, d'en apprécier la largeur et la profondeur, de déterminer exactement les emplacements des coffres et des sentinelles, ce qu'il est toujours préférable de cacher. En outre, un éclairage permanent aura le grave inconvénient de signaler l'emplacement du fort, car il sera difficile de s'organiser de telle façon que les lueurs des lampes ne s'aperçoivent pas de loin. Il en résulte qu'on facilitera ainsi la marche de l'ennemi sur l'ouvrage. A ces points de vue, l'éclairage permanent des fossés serait donc nuisible.

Cependant, il paraît particulièrement désirable qu'au moment d'un assaut il soit possible d'éclairer les assiégeants, lorsqu'ils essaient de traverser les fossés avec des échelles ou par tout autre moyen, afin que la garnison puisse faire usage de ses canons et de ses mitrailleuses. Cela semble tellement nécessaire, que les faits se sont chargés de le démontrer. A Ehrlong, dans la période des assauts d'octobre, il arriva souvent de lancer dans les fossés des bottes de paille enduites de pétrole et enflammées. Sous ce rapport, l'éclairage a une énorme importance morale : il encourage les défenseurs et cause une panique chez les assaillants. Aussi paraît-il très utile d'éclairer les fossés, non pas constamment, mais seulement au moment de l'arrivée de l'ennemi.

La source lumineuse doit être placée dans les coffres où on ménagera pour elle une embrasure spéciale. Un petit foyer avec réflecteur semble tout indiqué ; il serait masqué en temps normal, mais cependant prêt à tout instant.

CHEMINS COUVERTS

Rien ne démontre mieux la nécessité d'une surveillance très active pour la garde des forts que l'histoire de la prise des coffres de contrescarpe des forts Kikouan-nord et Ehrlong. Ce fait que l'ennemi eut la possibilité de s'approcher sans être remarqué jusqu'à la crête du glacis et de menacer le fossé du premier de ces ouvrages, et aussi que personne ne l'empêcha de déposer des charges d'explosifs au-dessus des coffres des deux forts (et sur Ehrlong, la chose se reproduisit deux fois) indique clairement que la garde des fossés et des coffres n'était pas suffisamment assurée ou même qu'elle ne l'était pas du tout. Elle existait cependant, mais les sentinelles étaient installées sur les banquettes du parapet et observaient par des embrasures. Naturellement, par une nuit noire, elles ne pouvaient espérer voir quoi que ce soit à une distance atteignant quelquefois plus de 30 ou 40 m (largeur du parapet, des fossés et d'une partie du glacis). L'ennemi, profitant des entonnoirs produits par les obus, s'avançait sans être remarqué et atteignait ainsi la crête du glacis.

Établir de nouvelles sentinelles près de cette crête était impossible, car il n'y avait rien pour les abriter. Déjà, en avril, tous les survivants d'Ehrlong sentaient l'extrême nécessité de l'existence d'un chemin couvert, mais ce qui se produisit ensuite en octobre les fortifia dans l'idée d'y ménager des abris à l'épreuve et confirma la justesse de ces paroles de Vauban : « Le chemin couvert constitue les yeux et les oreilles du fort. »

GARNISON DES FORTS

Quelle doit être la garnison des forts? Tous ceux de Port-Arthur étaient organisés pour une compagnie d'infanterie de 200 hommes. Dans la première période de la défense, c'est ce qui s'y trouvait fortuitement; la garnison de quelques-uns d'entre eux (Ehrlong était de ce nombre) eut un effectif beaucoup plus grand. Ainsi, à Ehrlong, il y avait 350 tireurs et cela fut à peine suffisant. On peut l'expliquer ainsi : un quart des hommes était désigné chaque nuit pour le service de garde, un autre quart pour la portion de service, un troisième quart pour réparer les dégâts; le reste se reposait. La garde n'exigeait pas moins de 80 fantassins; il en était de même pour la portion de service. Au travail, on désignait 40 hommes jusqu'à minuit et autant après. Il fallait donc une compagnie de quatre pelotons de 80 hommes et, en y ajoutant les hommes de corvée, cuisiniers, etc., on arrivait au total de 350 hommes. Toutefois, il est encore à considérer que, dans les premiers jours du siège, l'effectif eut à subir de grandes pertes. Il paraît donc nécessaire d'avoir deux compagnies de 200 hommes, soit en tout 400.

En admettant une longueur de 70 m pour la crête de feu de la face et de 45 m pour les flancs, on arrive au chiffre de 80 hommes, en comptant un demi-homme par mètre. En y ajoutant un quart pour la réserve, cela fait 100 hommes. Ceci constitue un tour de service; comme il doit y en avoir quatre, on arrive au total de 400 hommes qui doivent exister à la période de mobilisation. Dans celle des attaques rapprochées, c'est-à-dire lorsque l'ennemi se trouve près des glacis et a ses réserves dans la deuxième parallèle, c'est-à-dire plus près que ne le sont celles du fort, la garnison devra être augmentée d'une compagnie et être portée à 600 hommes. Il devait en être ainsi à Port-Arthur, mais les modifications qui furent apportées à ces prévisions ne tardèrent pas à avoir des suites fatales, entre autres pour Kikouan-nord.

Toute la garnison doit se trouver dans des locaux à l'épreuve et il n'est pas douteux tout au moins qu'on en pourra loger une bonne partie dans la caserne de gorge, dans les refuges des hommes de service et dans les galeries pour tireurs.

En particulier, en exceptant les locaux réservés aux officiers, aux cuisines et aux magasins, on doit pouvoir placer une compagnie dans le reste de la caserne de gorge. Toutefois, on aura dû ménager une hauteur suffisante dans les casemates, pour y placer une seconde rangée de lits de camp à la mobilisation et y loger une autre compagnie.

COUR INTÉRIEURE DU FORT

On a déjà mentionné précédemment quels dommages avaient été occasionnés au fort Ehrlong du fait de la présence de la batterie permanente élevée au milieu de la cour, en attirant sur ce fort une grande partie des coups de l'artillerie. Elle a cependant rendu quelques services en arrêtant nombre de gros projectiles qui sans cela auraient détruit le courant d'air terminant la sortie de la caserne dans la cour. De plus, quand il devint évident que les Japonais allaient faire sauter le parapet du fort, on songea à utiliser la batterie comme retranchement intérieur constituant une deuxième ligne de défense. Malheureusement, sa galerie bétonnée était déjà fortement abîmée et la tranchée construite en avant, dans le roc, n'était pas profonde, de sorte qu'on ne pouvait songer à y tenir longtemps. Une construction plus rationnelle eût donc pu rendre de grands services.

D'un autre côté, la batterie constituait un excellent parados pour la gorge. En prévision d'une attaque de l'ennemi par l'arrière, et on sait, en effet, qu'il avait déjà lancé des colonnes dans ce but, mais qu'il y renonça ensuite, on avait approprié convenablement la gorge. Les Japonais exécutèrent un tir d'artillerie, essayant d'atteindre avec leurs shrapnels les défenseurs qui occupaient la banquette de tir de cette gorge en les prenant ainsi de dos. Cette tactique devint tellement fréquente, dans le courant du siège, qu'à Songchouchan on décida de ne pas installer les défenseurs sur la banquette de tir de la gorge, mais qu'on creusa à l'arrière, à 4 m de la crête, une tranchée où les hommes furent ainsi à l'abri des coups provenant du terrain en avant de l'ouvrage. On procéda de même sur le flanc gauche d'Ehrlong quand le parados fut démoli.

On peut donc conclure, de tout ceci, à la nécessité :

1° De donner moins de relief à la gorge qu'à la face et aux flancs;

2° De la protéger par un parados de même hauteur, ou même plus élevé que la face. Celui-ci sera approprié pour permettre de battre la cour en avant et par conséquent pour servir de retranchement intérieur. Il sera relié à la face et même aux flancs par d'autres levées de terre qui, en recouvrant des passages à l'épreuve, protégeront également contre les coups d'enfilade et localiseront dans les petites cours intérieures ainsi formées les éclatements des projectiles.

DISSIMULATION DES FORTS

La dissimulation d'un fort doit être envisagée lors de sa construction, car si on n'a pas pris dès le début toutes les mesures nécessaires, il est bien difficile ensuite de modifier certains points et d'obtenir un résultat parfait.

Le plus souvent, jusqu'ici, on n'a pas assez cherché à ne pas changer la configuration du terrain sur lequel l'ouvrage est édifié. On s'est inquiété avant tout d'avoir des parapets d'une épaisseur et d'une hauteur suffisantes, puis de posséder de grandes cours permettant la liberté des mouvements qui ne soient gênés en rien par des traverses. La grande préoccupation consistait donc à obtenir une large place plane horizontale et en équilibrant autant que possible les remblais et les déblais.

Nécessairement, de tels errements conduisaient à avoir des parapets s'élevant beaucoup au-dessus du terrain avoisinant. Si on ajoute à cela qu'on maintenait soigneusement de longues crêtes horizontales, ce qui ne se rencontre jamais dans la nature, on conçoit que, malgré les ensemencements de gazon, le fort était visible de très loin. Sous une certaine obliquité de la lumière, on apercevait facilement, en effet, la limite des talus et on ne faisait aucun effort pour adoucir les arêtes ou les angles de raccordement des plongées et talus extérieurs.

Pour remédier à cet état de choses, on doit donc changer radicalement le mode de construction des forts. Il ne faut pas s'assujettir à obtenir des formes régulières : les crêtes ne seront pas toujours de même hauteur ni nécessairement parallèles aux fossés ; les traverses et les retranchements auront une forme plus ou moins tourmentée, mais s'accordant avec le relief du terrain avoisinant. Les parapets, qui constituent une des parties importantes, seront autant que possible du sol naturel, de même que les traverses et les parados ; on en augmentera seulement la solidité pour résister au feu de l'artillerie. L'excédent des déblais s'écoulera en égalisant les glacis ou par la construction, à proximité des forts, des batteries ou autres travaux de terrassements ; d'ailleurs cela ne conduira pas à des mouvements très considérables.

Il va de soi que toutes ces mesures ne sont possibles que dans des terrains accidentés. En plaine, on ne peut constituer les parapets en sol naturel qu'en creusant les portions réservées aux cours et aux autres parties en contre-bas et encore faut-il qu'on ait un champ de tir suffisant. Le meilleur procédé consiste à donner un certain relief aux ouvrages, mais en les dissimulant par des plantations, non seulement en avant des forts, mais encore en arrière, pour qu'ils ne se projettent pas sur le fond clair du ciel. Ces plantations doivent aussi exister, comme on l'a déjà dit, sur tout le périmètre de la ligne des ouvrages.

CHAPITRE IX

PROJET DE FORTERESSE (PLANCHE III)

On peut résumer comme il suit les nouvelles idées émises précédemment en ce qui concerne l'établissement d'un projet de forteresse.

Pour préserver le noyau central contre le bombardement, la ligne des forts doit s'en éloigner de 8 à 10 km, de sorte que son périmètre est voisin de 56 km.

La distance entre deux forts ne doit pas dépasser 2 100 m; entre un fort et un ouvrage intermédiaire, il pourra y avoir de 800 à 1 300 m.

Dans beaucoup de cas et selon la configuration des lieux, les caponnières d'arrière intermédiaires sont séparées des forts.

Les intervalles entre les forts sont remplis partie par des retranchements avec fossé extérieur et partie par de simples levées de terre avec banquette de tir. Les premiers sont organisés sur les terrains d'accès facile, les secondes sur les terrains découpés ou d'accès difficile. Ces retranchements ne s'appuient pas aux ouvrages; ils sont quelquefois à une distance de 100 m en arrière et laissent dans tous les cas un passage libre de 40 ou 50 m pour le mouvement des troupes se rendant en reconnaissance en avant de la ligne principale.

La banquette de tir est élargie en certaines parties de ces retranchements pour permettre d'y installer rapidement les canons contre l'assaut.

Les fossés sont flanqués par des mitrailleuses ou canons à tir rapide de 57 mm placés dans des caponnières ou dans des tourelles mobiles placées à découvert. En avant des fossés il faut ménager un chemin couvert pour les sentinelles.

Derrière et contre le retranchement il existe des traverses avec casernes bétonnées pour abriter les portions de service de la garnison des intervalles. Sur un intervalle de 2 100 m, il y a quatre de ces casernes pour une demi-compagnie.

A 100 m en arrière, il existe par intervalle deux casernes bétonnées, chacune pour une compagnie, dûment défilées autant que la configuration des lieux le permet.

Des chemins de communication aboutissent à ces casernes et sont prolongés par des embranchements sur les forts et les ouvrages.

Une ligne continue de plantations court tout le long des retranchements, des casernes et des chemins de communication, surtout en pays de plaine.

En arrière de ces chemins de communication se trouvent les positions d'artillerie. Près de la ligne des forts sont les batteries d'obusiers et plus loin encore les canons à longue portée (Canet de 15 cm et nouveaux canons de 15 cm et de 10,5 cm).

Les batteries comportent deux ou quatre pièces. En temps de paix, on ne construit que la caserne bétonnée pour les servants et un magasin à munitions contenant une réserve de projectiles pour trois jours. Trois ou quatre batteries constituent un groupe dont le chef sera abrité dans un observatoire permanent bétonné ou cuirassé. Les batteries d'un groupe sont reliées entre elles et à l'observatoire par une ligne téléphonique souterraine ; l'observatoire est en liaison également avec le commandant de l'artillerie de la place.

Chaque groupe a un magasin avec une réserve pour cinq jours, disposé à 300 ou 400 m en arrière et aussi défilé que possible ; il est réuni aux batteries par une voie ferrée démontable.

En arrière de cette position d'artillerie se trouve la

voie étroite permanente, reliée par d'autres voies rayonnantes du même genre, d'une part, aux magasins du noyau central et, d'autre part, par des voies transportables, aux magasins de secteur et aux chemins de communication des forts.

Tout cet ensemble doit être soigneusement défilé. *Aucune dépense de ce chef ne sera exagérée, car elle se justifiera durant le siège.*

A 2 ou 3 km en arrière de la ligne principale de défense est organisée la deuxième ligne, qui consiste en points de soutien (forts) et en intervalles dans lesquels on organisera, seulement à la mobilisation, des tranchées et des ouvrages temporaires. Les forts peuvent être espacés non pas de 2, mais de 3 km. Quoiqu'il n'y ait pas de retranchements dans chaque intervalle, on peut cependant y construire une caserne bétonnée pour une compagnie.

Il faut que de la deuxième ligne on puisse canonner la première.

Pour ne pas compliquer la planche III, on n'y a pas fait figurer les communications téléphoniques ni les projecteurs : il suffira de se reporter à cet effet aux figures 7 et 8.

PROJET DE FORT OU D'OUVRAGE INTERMÉDIAIRE POUR UNE COMPAGNIE (PLANCHES IV ET V)

Le projet de fort ou d'ouvrage intermédiaire, dont les détails sont donnés sur les planches IV et V, a été rédigé d'après les discussions précédentes résultant du siège de Port-Arthur.

Pour réaliser un bon défilement et la dissimulation du parapet, la cour est profonde de 6 m et le parapet de la face est constitué en partie par le sol naturel et en partie par des terres rapportées. La caserne pour la garnison est disposée sous le parapet de gorge. Les fenêtres des casemates se trouvent sur l'escarpe et les portes débouchent dans un corridor qui communique avec :

1° La galerie souterraine qui est en relation avec une autre galerie débouchant sur le retranchement-parados ;

2° Les galeries de tireurs sur les flancs ;

3° La galerie d'escarpe ;

4° Le fossé de gorge et, par-dessous ce dernier, avec la galerie de contrescarpe ;

5° La communication souterraine qui débouche à l'arrière du fort.

La galerie sous le retranchement-parados a des sorties :

1° Dans la cour entre le rempart de gorge et le parapet ;

2° Dans la cour entre le rempart de la face et le parapet ;

3° Dans les refuges pour les hommes de service sous la face ;

4° Dans les galeries de tireurs sur les flancs.

Les refuges pour les hommes de service sont constitués par une casemate à deux étages : l'étage inférieur est réservé aux hommes d'infanterie et l'étage supérieur aux canons contre l'assaut et aux servants. Le premier est relié par une poterne aux galeries d'escarpe et de contrescarpe.

Les flancs s'abaissent progressivement depuis l'angle saillant de la face jusqu'à l'angle de gorge, de sorte que la crête de feu de cette face est à 4 m au-dessus de celle de la gorge, qui est en outre protégée par le parados contre les coups directs de la plaine. Ce parados est organisé en retranchement pour l'infanterie, ainsi que la nécessité en a été démontrée déjà par les attaques des forts de Port-Arthur ; de plus, il permet de dissimuler le parapet de la face qui se projette sur lui.

Une traverse perpendiculaire à la face et au parados réunit ces deux levées de terre en protégeant ainsi les défenseurs contre les coups d'enfilade et en localisant les effets des éclats des projectiles.

Dans les angles de la face sont préparées deux barbettes, chacune pour deux canons contre l'assaut, à tir rapide, de 57 mm, qui sont abrités dans les refuges à proximité. L'élévation de la plate-forme de ces barbettes au-dessus du sol de l'abri n'est que de 2,4 m et la rampe d'accès est à 1/5 ; ce qui permet de mettre facilement les pièces en batterie. Pour plus de rapidité et de facilité, on peut même installer une poulie fixée au revêtement bétonné du parapet.

Dans le deuxième étage des refuges de la face pleine, il existe : un logement pour les servants ; un pour les officiers ; un magasin à poudre et à munitions et des water-closets.

A l'étage inférieur des mêmes refuges on loge le peloton des hommes de service, d'où ceux-ci montent sur la banquette de tir par deux escaliers et quatre sorties et d'où ils peuvent se rendre également dans les galeries de fusillade et à la caserne de gorge par des galeries souterraines.

On a déjà montré précédemment, d'après des exemples du siège, combien il serait difficile de défendre les intervalles entre les forts si on ne mettait pas l'infanterie, qui en aura la charge, à l'abri des plus fortes canonnades de l'ennemi. On ne peut y arriver que par l'emploi de galeries de fusillade bétonnées ou cuirassées. La nécessité de ces galeries est contestée par ceux qui n'ont pas pris part au siège, et cependant l'ingénieur Chochine en a déjà construit dans son service pendant l'année 1905.

Toutefois, ces galeries ne peuvent être ouvertes à l'arrière, sinon leurs défenseurs pourraient être en butte à un feu d'enfilade. On propose donc des galeries complètement fermées, recouvertes d'une tôle d'acier chromé de 10 cm d'épaisseur qui, d'après les données du tableau du général Dourlakher, est capable de résister aux bombes des mortiers de 28 cm, tirées à une distance de 5 km.

Tous les 3 m, ces galeries sont renforcées par des piédroits en béton de 60 cm de saillie, servant à localiser les effets des bombes, dans le cas où celles-ci arriveraient à percer le ciel, et en même temps de points d'appui pour les plaques de tôle d'acier. Deux ou trois de ces plaques, tenues en réserve, permettent de réparer les dégâts.

La ventilation est obtenue par des tuyaux débouchant à la partie supérieure. Pour protéger mieux encore les galeries à l'arrière, on les dispose non pas à l'aplomb de la banquette de tir, mais à 2 m en avant, ce qui conduit à avoir 2,1 m d'épaisseur de remblai et une deuxième ligne de feu à découvert. Celle-ci peut être utilisée la nuit, lorsque l'ennemi ne peut régler son tir sur le fort. A la période de mobilisation on y élèvera des traverses et on y installera des boucliers à rabattement comme l'indique le profil n° 8 de la planche V.

Dans les angles de gorge, on construira, quelque peu en saillie des galeries, afin d'augmenter le champ de tir, des tourelles cuirassées pour deux mitrailleuses ; elles communiquent avec le corridor de la caserne de gorge. Cette dernière comporte : dix casemates, un local pour les officiers, des cuisines et des water-closets avec dix lunettes.

Dans le mur d'arrière de ce corridor, on ménage des niches pour les provisions.

Les difficultés de ravitailler et de renforcer la garnison des forts au moment des assauts ont été maintes fois démontrées dans le courant du siège ; aussi la grande majorité des défenseurs est-elle d'avis de construire une galerie souterraine qui, partant des locaux souterrains ou de la cour du fort, débouche en arrière de celui-ci dans un endroit abrité des coups de l'artillerie ennemie. Cet endroit pourra être un ravin, un bois, etc. Cette communication est indiquée sur la planche IV et le profil n° 2 de la planche V, à l'arrière de la caponnière.

En plus, pour permettre d'introduire des appareils ou

des objets volumineux, on ménage un passage dans le fossé de gorge, à travers l'escarpe et la contrescarpe.

Si l'on se trouve dans un terrain meuble, on doit, pour augmenter l'obstacle, constituer l'escarpe et la contrescarpe par des galeries bétonnées. Les coffres de contrescarpe ont trois embrasures : une pour canon de 57 mm, une autre pour mitrailleuse et une troisième pour l'éclairage des fossés. En avant de ces coffres, il existe un système de contre-mines se développant sur 30 m en profondeur. On peut également organiser un même système de contre-mines partant des angles saillants de la galerie d'escarpe, mais il est alors à 4,2 m en contrebas du premier.

La contrescarpe de gorge peut ne pas être revêtue et constituée par un talus à 1/1.

Les observations peuvent être faites dans deux tours cuirassées établies sur le parapet de la face, dans les tourelles pour mitrailleuses et dans les galeries de fusillade.

Le flanquement des fossés de gorge est effectué par quatre mitrailleuses abritées dans une caponnière soudée à la caserne. Des embrasures y sont également pratiquées pour l'éclairage.

L'épaisseur uniforme des voûtes est de 2,75 m de béton ordinaire. Les refuges des canons contre l'assaut sont recouverts d'une dalle en béton armé de 2,1 m. Le passage souterrain de la caserne peut aussi avoir une voûte moins épaisse, car il est difficile de connaître son emplacement exact.

Dans le cas où l'on emploierait partout le béton armé, l'épaisseur des voûtes pourrait être de beaucoup diminuée et il en résulterait des simplifications notables pour la rédaction du projet.

CHAPITRE X

CONCLUSIONS

De ce qui précède, il est aisé de conclure que le sort des forteresses contemporaines se décidera sur la ligne des forts. On le savait avant le siège de Port-Arthur; mais ce dernier l'a confirmé jusqu'à l'évidence. Deux jours après la chute des forts, la forteresse se rendait.

Cela montre donc bien que les forts constituent la ligne principale de défense et que les lignes intermédiaires et l'enceinte même de la ville n'ont qu'une importance secondaire. Aussi l'auteur a-t-il cherché à préconiser toutes les mesures nécessaires pour réaliser les désirs du professeur Velitckho : « C'est sur la ligne des forts qu'on doit soutenir une lutte acharnée pour la défense de la forteresse; c'est là que l'infanterie et l'artillerie doivent présenter à l'adversaire une résistance décisive. »

Parmi ces mesures, se trouve la proposition d'organiser d'une façon permanente les intervalles entre les forts, c'est-à-dire d'y élever des retranchements avec parapet et fossé extérieur. Cette question n'est pas nouvelle; elle a déjà soulevé et soulèvera encore de nombreuses discussions. Toutefois, le lieutenant-colonel von Schwarz se croit en meilleure posture que ses devanciers pour discuter cette question et essayer de la résoudre, puisqu'il ne s'appuie pas uniquement sur des considérations théoriques, mais sur les faits eux-mêmes, à moins, comme il l'ajoute, qu'il ne les ait pas compris.

Pour réaliser les mots de Velitckho, c'est-à-dire pour essayer de donner à la ligne des forts son maximum de résistance, on peut chercher comment la fortification apportera son aide à l'infanterie et à l'artillerie.

L'un des moyens proposés consiste à défendre les intervalles par des feux croisés des points de soutien et en particulier par le tir de l'artillerie, ce qui a amené à la construction des caponnières d'arrière intermédiaires (de Velitckho) et des flancs casematés (du colonel Miaskobski [1]). On espère que les forts pourront ainsi se prêter un tel soutien matériel qu'il en résultera un « rideau de fer » que nul ennemi ne pourra traverser. Des doutes se sont élevés depuis longtemps sur la continuité d'un tel effort et diverses propositions ont déjà été faites pour renforcer les intervalles, entre autres par Totleben, le lieutenant-colonel Velitckho et le lieutenant-colonel Proussak, qui préconisent des lignes de fortification permanente.

On a déjà montré au chapitre IV que, dès les premiers jours de l'assaut, on s'était rendu compte que c'était une utopie de vouloir défendre les intervalles uniquement avec le feu des forts. Celui des caponnières d'arrière était notoirement insuffisant et, dans les terrains accidentés, les feux d'infanterie et d'artillerie ne pouvaient battre certaines zones, même le jour et, *a fortiori*, la nuit, malgré l'aide des projecteurs, qui ne découvraient pas davantage lesdites zones. L'état actuel de la technique peut seulement, à l'aide de dépenses colossales, permettre de construire dans les forts des abris disposés de telle façon que des feux de flanc d'infanterie puissent battre les intervalles sous « n'importe » quel bombardement et à « n'importe » quel moment.

On a vu également que ni les tranchées, ni les ouvrages temporaires ne sont capables de résister à un assaillant énergique ; que, de plus, un adversaire habile peut

---

[1] Voir *Revue du Génie*, 1896, t. XII, p. 209.

simuler une attaque pour attirer les réserves de l'assiégé en un point déterminé et le priver ainsi desdites réserves à l'endroit qu'il a fixé pour tenter de traverser les lignes de la défense.

Il semble donc, d'après les exemples des assauts d'août, qu'il est impossible de compter uniquement, pour la défense des intervalles, sur les feux croisés des forts, bien que cette idée paraisse la plus vraie en elle-même pour le moment. Il faut absolument la compléter par la construction entre les forts d'un solide retranchement permanent avec un parapet et un sérieux fossé extérieur.

Ces conclusions sont basées, comme on le sait déjà, sur le rôle joué par le mur chinois non seulement dans les assauts de la nuit du 23 au 24 août, où deux compagnies réussirent à repousser les Japonais, mais encore dans toute la durée du siège. Cet insuccès de l'ennemi eut de sérieuses conséquences, puisqu'elles le conduisirent à un changement radical dans son plan d'attaque de la forteresse. Le conseil réuni le lendemain par le général Nogi se décida à une attaque lente et progressive, au lieu d'essayer de nouveau une percée dont les résultats étaient pourtant si alléchants. Aussi, le 26 août, vit-on apparaître les premiers travaux de siège, qui avaient l'aspect de longs chemins de communication, puis, le 1er septembre, une première parallèle partant des redoutes Panlong déjà entre les mains des Japonais. De là débouchèrent les travaux d'approche sur Kikouan-nord, Ehrlong, Hatchimaki et P.

Ce premier insuccès inspira à l'ennemi un tel respect pour le mur chinois que, même après s'être emparé de Hatchimaki et de P, c'est-à-dire, en réalité, de tous les ouvrages de l'intervalle, il ne se décida même pas à l'attaquer de nouveau. Il développa ses attaques progressives non seulement contre les forts, mais encore contre le mur lui-même, dont il s'approcha à 12 et à 25 m, et commença en décembre contre ce dernier une guerre de mines.

Une autre conséquence de la présence du mur chinois fut de permettre de ne laisser dans l'intervalle qu'une garnison réduite au minimum et de reporter une bonne partie de la réserve générale sur des positions plus importantes telles que la montagne Vysokaia.

On ne peut donc nier que ce retranchement, même sans fossé extérieur, recula de quatre mois la percée des Japonais et aida indirectement à maintenir Vysokaia entre les mains des assiégés jusqu'en novembre. Les avis des défenseurs de Port-Arthur étaient unanimes à ce sujet.

C'est pourquoi le lieutenant-colonel von Schwarz, après avoir montré, par la description des combats et la citation de messages téléphonés officiels, la possibilité pour l'ennemi de traverser un intervalle uniquement défendu par les feux croisés des forts ainsi que par des tranchées et des ouvrages temporaires, exprime la ferme idée de doter ledit intervalle d'une ligne de solides retranchements permanents.

Faut-il en organiser dans toutes les forteresses et dans chacun des intervalles de celles-ci? La question est des plus complexes; sa solution semble dépendre des forteresses elles-mêmes et du rôle qu'elles sont appelées à jouer. Or, sur ce sujet, les avis sont très variables. Pour un même auteur, ils changent même avec l'époque de ses écrits.

Le professeur Engman, dans ses *Aperçus de fortification permanente* de 1895, définit ainsi le rôle des forteresses : « Avec le moins de forces possible et en consacrant le plus de temps, retenir le plus grand nombre d'ennemis possible. » En 1900, le même auteur dit : « Le rôle d'une forteresse est de donner la possibilité de défendre un point stratégique donné avec le moins de forces possible, en y consacrant le plus de temps possible et en retenant le plus grand nombre d'ennemis possible. » Enfin, dans une dernière édition de 1906, revue par le colonel Zoubarev, on trouve ces mots : « Défendre un point stratégique donné avec le moins de forces et le plus de temps possibles contre des forces supérieures de l'ennemi. » On voit donc que dans l'espace de dix ans, le rôle des forteresses a été défini d'une manière différente par un même auteur et, qui plus est, ces définitions successives comportent toutes des formes conditionnelles.

Le professeur Velitckho, dans son ouvrage sur la *Défense des royaumes,* de 1903, s'exprime ainsi sur le rôle des forteresses, qui sont, « la garde de points stratégiques importants sur le théâtre principal de la guerre avec le but, dans la plus large mesure possible, d'approprier aux opérations tant défensives qu'offensives (par des manœuvres) les armées de campagne ». Cette définition paraît bien meilleure, mais on y rencontre encore ce fâcheux mot « possible » et il faut expliquer ensuite ce qu'on entend par « manœuvres ».

Il semble bien que les forteresses ont existé de toute antiquité et qu'elles existeront toujours avec un seul et même but, « défendre fermement un point donné ».

La forme des forteresses changera, de même que leurs dimensions, leur armement, leur garnison, leur fortification. Leur rôle pourra varier : toutes elles auront une importance soit au point de vue politique, au point de vue commercial et parfois au point de vue stratégique ; mais, si elles existent, il faudra toujours les « défendre fermement ».

De sorte qu'on est en droit de définir ainsi leur rôle : *approprier à une défense ferme un point donné jusqu'à la fin de la guerre.*

Sous le rapport stratégique, l'importance du point dépendra soit de l'activité manœuvrière de la place, soit de la garde d'un passage obligé ou d'une voie de communication, soit du refuge qu'il accordera aux armées. On y répondra par ses dimensions, son armement ou les formes de la fortification. Cette importance pourra être prévue à l'avance ou se dessiner seulement pendant la campagne, et alors on édifiera les fortifications en temps de paix ou durant la guerre, mais toujours avec cette idée d'une défense ferme. Elle se modifiera peut-être même au cours d'une campagne, ainsi que cela est arrivé pour Liao-yang, qui servait au début de point de concentration des troupes et qui fut dotée de fortifications temporaires. En août 1905, lorsque les Japonais la menacèrent, elle acquit de l'importance comme point arrêtant la marche des armées ennemies. Son rôle de point d'appui, pour Kouropatkine manœuvrant avec ses forces principales contre Kuroki, n'avait plus qu'une importance fortuite et secondaire. Dans tous les cas, elle devait se défendre jusqu'à la dernière extrémité.

Il existe beaucoup d'autres exemples historiques de places ayant servi de points d'appui aux armées, mais ce rôle ne sera pas toujours prévu à l'avance et il sera le plus souvent fortuit et secondaire. Ce qu'on doit exiger d'une forteresse, c'est qu'elle tienne jusqu'à la fin de la guerre et c'est en vue de ce résultat qu'on devra édifier sa fortification. Toutefois, pour son organisation, il est nécessaire d'avoir une idée claire et exacte de son rôle et cela est non moins important pour son gouverneur. Si le maréchal Bazaine avait été pénétré de cette idée et avait compris le rôle que devait jouer Metz, aurait-il pu déclarer que cette place devenait inutile quand le blocus de Paris serait commencé? Pouvait-on dire de même que le rôle de Port-Arthur serait fini lorsque la concentration des armées de Kouropatkine serait terminée?

L'organisateur d'une forteresse et son gouverneur doivent donc se dire qu'elle doit tenir fermement un point donné jusqu'à la fin de la guerre.

Ces considérations amènent ainsi l'auteur à la ferme

conviction qu'il faut organiser d'une façon permanente les intervalles entre les forts en y créant : un fossé flanqué, des abris pour les hommes affectés à les défendre, un parapet avec banquette d'infanterie et emplacements pour canons contre l'assaut ainsi que des passages qu'il sera nécessaire de ménager pour la sortie des troupes ou même pour la traversée des armées de manœuvre. Il est impossible de déterminer à l'avance le type de retranchements à adopter : il dépend de la forme du terrain, de sa nature et des moyens dont on dispose pour le masquer aux vues de l'ennemi. Ce sera donc une question d'espèce pour chaque intervalle.

On sera parfois tenté de ne faire aucuns travaux dans certains intervalles, sous le prétexte que ce ne sont pas des points d'attaque probables par l'ennemi. Il faudra cependant opérer avec beaucoup de circonspection si la nature des lieux eux-mêmes ne conduit pas à une certitude absolue. Les intentions de l'ennemi sont parfois difficiles à discerner et c'est ce qui est arrivé à Port-Arthur, où on avait toujours supposé que les attaques auraient lieu sur le front ouest, tandis qu'elles se produisirent à l'est.

Avec les armées innombrables qu'on mettra en ligne dans les campagnes futures, les points stratégiques dont il a été question n'auront peut-être plus une très grande importance, mais il n'en sera pas moins nécessaire d'avoir des points fortifiés entre lesquels pourront évoluer les armées en campagne, qui seront alors libres et indépendantes dans leurs actions. Avec de bonnes forteresses en arrière et sur les flancs, les armées qui n'auront pas eu le temps de se mobiliser complètement pourront, avec des forces relativement faibles, résister à un adversaire bien supérieur en nombre, sans crainte d'être coupées et détruites. Ainsi le système de fortifications de la presqu'île du Kouantong, organisé convenablement, eût joué dans la campagne un rôle tout à fait autre si on avait pu conserver Port-Arthur et la flotte jusqu'à la fin de la guerre. Il en est de même si on avait pu fortifier convenablement Liao-yang, ainsi que les passages en dessous et Iantai-kopi.

En terminant, le lieutenant-colonel von Schwarz exprime la pensée que beaucoup de ses lecteurs ne partageront sans doute pas toutes les idées qu'il a émises. Il sera cependant heureux s'il a pu provoquer, pour ses camarades des autres armes et pour tous ceux que ces questions peuvent intéresser, l'étude de celles ainsi soulevées. Il remercie tous ses collègues du siège de Port-Arthur qui lui ont apporté des documents, en particulier le général-major Stolnikov et le lieutenant-colonel Gobiato, de l'artillerie, le capitaine d'état-major Vysoki, et les officiers du génie : colonel Krestinski, capitaines Rodiounov et Dobrov et enfin le capitaine d'état-major Romanovski.

Ingenerny Journal, n° 10 de 1907, mentionne que l'académie du génie Nicolas a décerné, en juin dernier, l'un de ses prix les plus importants (500 roubles), à l'auteur du travail que nous venons d'analyser. Si nous avons réussi à exposer clairement les idées exprimées, nous ne doutons pas que nos lecteurs ne s'associent à nous pour féliciter le lieutenant-colonel von Schwarz de la haute récompense qu'il vient de recevoir.

TRAVAUX DU SIÈGE DE PORT-ARTHUR

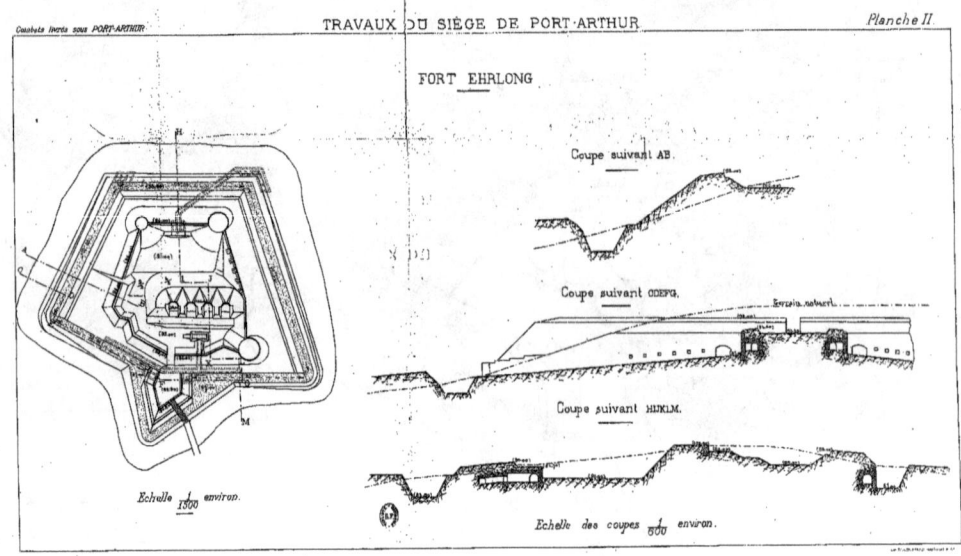

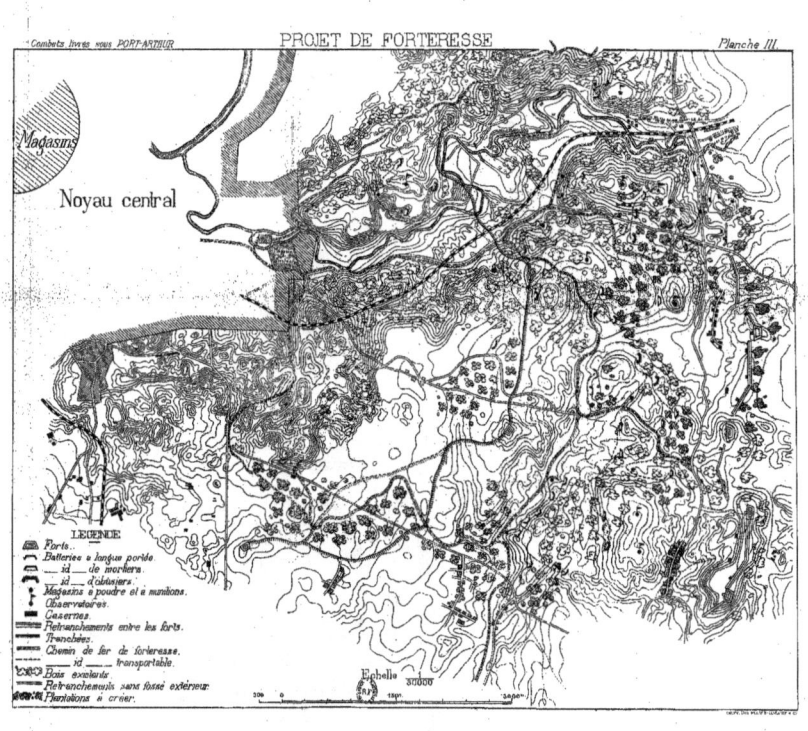

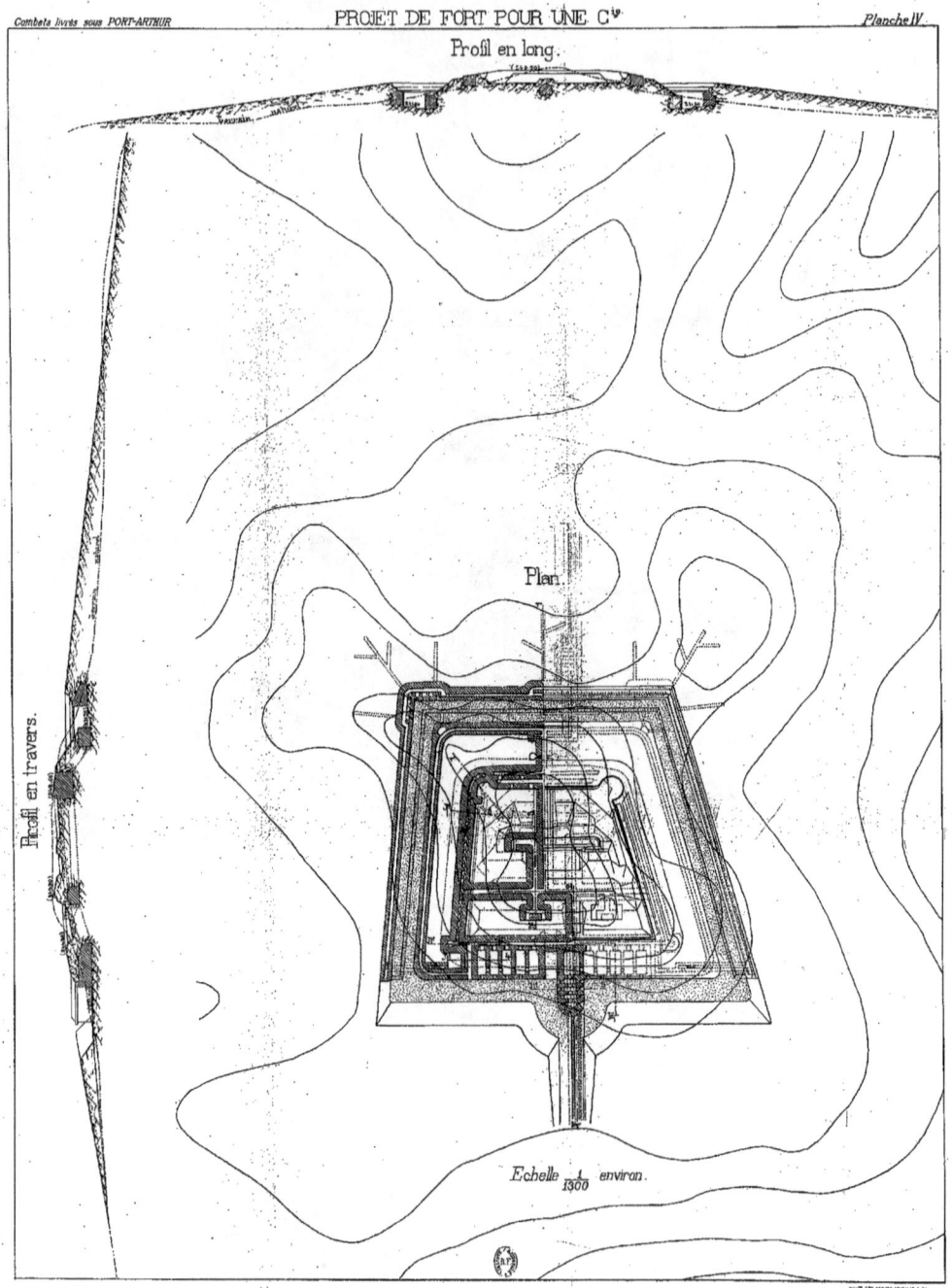

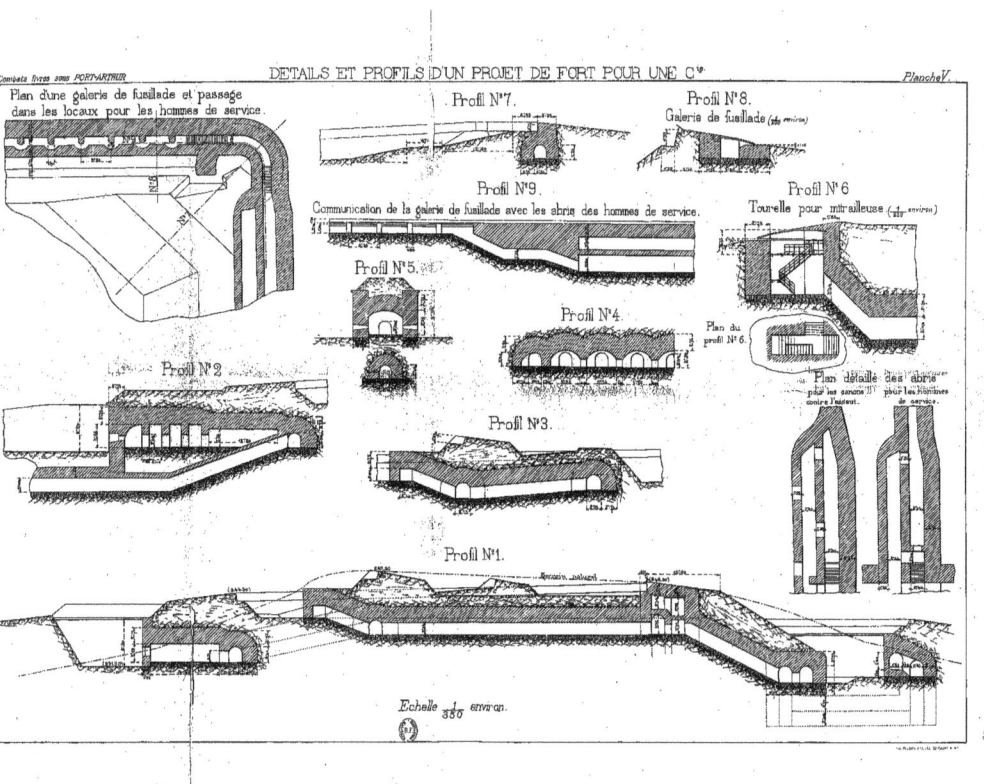

TABLE DES MATIÈRES

	Pages
Avant-propos	v
Chapitre I	1
Chapitre II	2
Batteries de côte	2
Front de terre	5
Ligne des forts	5
Secteur nord-est	6
Secteur nord	8
Secteur ouest	9
Positions avancées ou ouvrages de deuxième ligne	12
Enceinte centrale	13
Armement des batteries de mobilisation	14
Résumé de la défense d'après les projets	14
Chapitre III	17
Situation du front de terre au début des hostilités	17
Travaux entrepris à partir du 9 février 1904	20
Organisation des positions avancées	25
Situation de la place au 30 juillet	27
Forces et armement des deux adversaires	34
Chapitre IV	39
Importance des positions avancées	39
Attaques brusquées	45
19 août	48
20 août	49
21 août	49
22 août	51
Importance des caponnières d'arrière intermédiaires	58
Chapitre V	61
Sur la grandeur des intervalles entre les forts	61

TABLE DES MATIÈRES

	Pages
Fortification des intervalles entre les forts et rôle de l'enceinte centrale	64
Casernes à l'épreuve pour la garnison des intervalles.	72
Sur la dissimulation des positions de combat	76

CHAPITRE VI 80
    Au sujet des batteries permanentes et temporaires . . . 80
    Les magasins à poudre et à munitions 89
    Chemins de communication 91
    Projecteurs 96
    Service des liaisons (télégraphes et téléphones) 102

CHAPITRE VII. 108
    Garnison de la place 108
        Front de mer 109
        Front de terre 110
        Réserve générale 111
        Enceinte centrale 111
    Infanterie 114
    Génie 117

CHAPITRE VIII 119
    Étude des forts et de leurs organes 119
    Établissement sur les forts de canons de gros calibre. . 127
    Nécessité des observatoires et des galeries pour les tireurs 129
    Communications sûres à l'intérieur des forts 129
    Abris pour canons contre l'assaut 130
    Armement des forts 132
    Caserne pour la garnison et communication des forts avec la place 133
    Abris pour les hommes de service 135
    Téléphones et signaux 136
    Épaisseur des voûtes bétonnées 138
    Obstacles contre l'assaut et fossés 143
    Coffres de contrescarpe ou demi-caponnières dans l'escarpe ? 146
    Établissement des projecteurs sur les forts et éclairage des fossés 150
    Chemins couverts 152
    Garnison des forts 153
    Cour intérieure des forts 154
    Dissimulation des forts 155

TABLE DES MATIÈRES

	Pages
Chapitre IX.	158
Projet de forteresse	158
Projet de fort ou d'ouvrage intermédiaire pour une compagnie	160
Chapitre X.	165
Conclusions	165

Nancy, impr. Berger-Levrault et Cie

BERGER-LEVRAULT ET C¹ᵉ, ÉDITEURS
PARIS, 5, RUE DES BEAUX-ARTS — RUE DES GLACIS, 18, NANCY

Les Leçons de la guerre. *Port-Arthur — Tsoushima. Ce qu'il faut à la marine*, par le vice-amiral DE CUVERVILLE, sénateur. 1906. Un volume in-12, broché . . . . **3 fr.**

La Guerre russo-japonaise. *Enseignements tactiques et stratégiques*, par LŒFFLER, major de l'état-major royal saxon. Traduit de l'allemand par le lieutenant C. OLIVARI. 1907. Un volume grand in-8 de 342 pages, avec 10 planches hors texte et 3 tableaux annexes, broché . . . . **8 fr.**

Études sur la Guerre russo-japonaise. *Du Yalou à Liao-yang*, par le lieutenant-colonel BARDONNAUT. Introduction de M. le général LANGLOIS, ancien membre du Conseil supérieur de la guerre. 1908. Un volume in-8°, avec 20 planches . . . . (*Sous presse.*)

Un Siège célèbre (Pratique et théorie). *Essai de poésie didactique*, par Jean LATASTE. 1905. Élégante plaquette in-12 . . . . **1 fr.**

Comment se défend un Fort d'arrêt, par le lieutenant-colonel du génie PIARRON DE MONDESIR, professeur à l'École supérieure de guerre. 1906. Brochure in-8 . . **1 fr. 25**

Organisation, attaque et défense des places, par J. SANDIER, capitaine du génie. 1896. Volume in-8 de 142 pages, avec 7 figures et 5 planches hors texte, br. **3 fr. 50**

Étude sur la guerre de siège et manœuvre de forteresse de Langres en 1906, par le lieutenant-colonel KLEIN. 1908. Grand in-8 de 87 pages, avec une carte, broché . . . . **3 fr.**

Les Manœuvres de forteresse. *Souvenirs de Vaujours*, par Henri MAZEREAU et Édouard NOËL, capitaines. Préface de M. Jules CLARETIE, de l'Académie française. 1895. Un volume in-12, avec 17 photogravures, 3 portraits et 2 cartes, broché . . . . **3 fr.**

Sébastopol. Guerre de mines. *Conférence faite au 6ᵉ régiment du génie*, par M. TAILLADE, capitaine du génie. 1906. In-8, avec 4 planches in-folio, broché . . **3 fr. 50**

Étude sur la Fortification permanente, par le général DUPOMMIER. Première partie : *Principes de fortification*. 2ᵉ édition. 1907. In-8, 67 pages, avec 5 figures et une planche, broché . . . . **2 fr.**

Manuel complet de Fortification, *rédigé conformément au programme du cours professé à l'École spéciale militaire et au programme d'admission à l'École supérieure de guerre*, par H. PLESSIX, colonel d'artillerie en retraite, et LEGRAND-GIRARDE, lieutenant-colonel du génie. 4ᵉ édition refondue. Un fort volume in-8, avec de nombreuses figures et planches en noir et en couleurs . . . . (*Sous presse.*)

La Fortification permanente contemporaine, par V. DEGUISE, major du génie, professeur à l'École d'application de l'artillerie et du génie de Bruxelles. 1908. Un volume grand in-8 de 246 pages, avec un atlas de 14 planches in-folio double . . . . **20 fr.**

La Fortification passagère et la Fortification mixte ou semi-permanente, par le même. 1904. Un volume grand in-8 de 543 pages, avec un atlas de 20 planches in-folio . . . . **20 fr.**

Essai sur l'Emploi tactique de la Fortification de campagne, par le lieutenant-colonel du génie PIARRON DE MONDESIR, professeur à l'École supérieure de guerre. 3ᵉ édition, revue et augmentée. 1907. Un volume in-8 de 138 pages, avec 6 croquis et 3 planches, broché . . . . **3 fr.**

Les Travaux de Fortification de campagne et l'armement actuel. *Leçons professées à l'école de travaux de campagne du 1ᵉʳ régiment du génie en octobre 1903*, par le lieutenant-colonel du génie CLERGERIE, breveté d'état-major. Nouvelle édition, revue et mise à jour. 1906. In-8, 87 pages, avec 29 figures, broché . . . . **2 fr.**

Défense offensive et reconnaissance d'état-major de la position de Magny-Fouchard. *Causerie sur la tactique de la fortification de campagne*, par Jules DUVAL, chef de bataillon du génie, breveté d'état-major. 1905. In-8, 62 pages, avec 2 fig. et une carte en couleur, broché . . . . **2 fr. 50**

Aide-mémoire pour les applications de la Fortification de campagne, par les capitaines commandants du génie Em. TOLLEN et M. GAUWE, professeurs à l'École militaire de Bruxelles. 2ᵉ édition. 1906. Un volume in-8 de 168 pages, avec figures et tableaux, relié en percaline . . . . **2 fr. 50**

www.ingramcontent.com/pod-product-compliance
Lightning Source LLC
Chambersburg PA
CBHW060520090426
42735CB00011B/2309